条文の読み方

第2版

法制執務・法令用語研究会

有斐閣

第２版はしがき

PREFACE

法律を「法律（条文）で」勉強する

本書を手に取られる方の多くは、法学部やロースクール、公共政策大学院などで法律を勉強されている方ではないかと思います。皆さんは、法律を勉強しようとするときに、「何で（何を使って）」勉強されますか。ほとんどの方は、「基本書で」勉強します、と答えられるのではないでしょうか。また、本書の読者には、法曹を含めた社会人の方もいらっしゃるかもしれません。そのような皆さんも、新しい法律を勉強しなくてはならないといったときに、真っ先に探すのは、立案担当者の書いた「法令解説」や学者の書いた「コンメンタール」などではないでしょうか。

基本書も法令解説も極めて有用な勉強道具で、それぞれの観点から、その法律の背景にある基本的な考え方や解釈上問題となる論点などを整理して説明してくれるものです。

しかし、ちょっと待って下さい。「法律を」勉強する際の基本は、「法律で」勉強すること、すなわち「法律の条文それ自体を読むこと」のはずです。自戒も含めて申し上げると、案外、この基本的な作業をついつい疎かにして、解説書を読んで法律を読んだ気になったり、また、文理的な条文読解（書かれている日本語の意味内容どおりに条文を読むこと）もそこそこに「さて、この条文はどう解釈すればいいのかな」などとその先の作業に進んではおられませんか。

法律の作られ方と「解釈」

本書の執筆者は、いずれも大学（大学院）時代に「基本書」や「法令解説」で法律を勉強していた者ばかりです。現在の職場（衆議院法制局）に就職して初めて、日々の実務の中で法律案の作り方を学び、「法律って、こんなふうに作られているんだ」ということに気付き、そのことを通じて「条文で」法律を勉強することの大切さを痛感してきました。

民法や刑法のような基本的な法律の場合は、抽象度が高い規定が多かったり、判例の積み重ねによって文理的な意味（通常の日本語としての意味内容）が大幅に補充されたりしているので、やや事情が異なる部分もありますが、大多数の法律においては、法制執務（法律を作るときの「お作法」全般をこのように呼びます）上の一定の約束事にのっとって、その定義された日本語の意味どおりに適用しさえすれば、特段の「解釈」を要することなく、立法者が想定した妥当な結論が得られるよう、論理的に記述してあるものなのです。しかも、大多数の法律では、冒頭の「題名」から「目次」、「第一章　総則」の「第一条（目的）」、「第二条（定義）」と順番に読んでいけば、スイスイと頭に入っていくように、実に論理的な構成で条文が並んでいるはずです。

したがって、その「お作法」を一通り覚えて、日本語で書かれた「法律の条文」を正しく読みさえすれば、特段の解釈作業を要せずに、一義的に正しい結論が得られるように作られているのです。これが、大原則です。*

＊　長谷部恭男教授が、「テクストから法命題〔＝その条文に含まれる法規範としての意味内容＝筆者注。以下同じ〕を導くために、つねに解釈が要求されるわけではない」として、「法律学の通常の活動は、権威ある法源〔＝ここでは法律の条文（テクスト）のこと〕を素材とし、法学固有の議論の様式に従って特定の法命題の正当性を基礎づけることであり、こうした作業が破綻した例外的な状況で行われるのが法の解釈である」（同『憲法の理性〔増補新装版〕』（東京大学出版会、二〇一六年）二一九頁）と述べるのも、本文で述べたような姿勢と同趣旨のものと理解することができます。

しかし、原則には例外がつきものです。条文をそのまま当てはめただけでは妥当な結論が得られない場合も出てきます。法律が念頭に置いていた状況とは違う状況が出てきた場合などは、特にそうです。そのような場合（長谷部教授が言う「こうした作業〔＝通常の日本語の意味どおりの条文の適用・あてはめ作業〕が破綻した例外的な状況」）において、初めて、「解釈」という作業が出てくるのです。そこでは、「そもそも法律が想定していた状況は？」とか、「法律はどのような考え（趣旨）でこのような結論（条文）を規定しているのか？」といったことを考えながら、「このような状況を想定していたら、立法者はこのように考えたのではないか」と合理的な推測をする形で、条文には直接規定されていない結論を導き出していく、いわば「新たな条文を作っていく」わけです。これが、法の解釈の基本姿勢です。

本書の射程

本書は、このような「条文の読み方（解釈）」の基礎的部分、すなわち、立法者が意図したように法律の条文を文言どおりに読み解く「お作法」を、条文を起案する法制執務の観点から整理してお伝えしようというものです。条文をそのまま当てはめただけでは妥当な結論が得られない場合の「解釈」の手法＝応用的部分は、それこそ「基本書」や「コンメンタール」、学者の論文や裁判例集などで勉強していくことが必要です。**その意味では、本書は、残念ながら「条文の読み方」に関する万能の「魔法の杖」ではありません。

しかし、どの範囲までであれば理由付けを考えずに結論を導き出していいのか（「条文に書いてあるから」というのが、最強の理由付けなのですから）、どこからが説得力のある理由付けを考えて、相手（交渉の相手方だったり、裁判所だったり、あるいは試験問題の採点者だったりいろいろですが）を説得しなければいけないのかが分かる、いわば「手抜き」ができる極めて便利な道具であることだけは請け合います。

＊＊ ちなみに、法解釈に関する基本的な入門書として山下純司・島田聡一郎・宍戸常寿『法解釈入門（第2版）』（有斐閣、二〇二〇年）があります。『入門』と題するだけに、平易かつ分

かりやすい表現で、憲法・民法・刑法の具体的な事例を掲げながら実に丁寧な説明がなされていますが、内容的にはかなり高度なことも書かれてあり、「法的思考」の訓練書と言ってもよいものです。なお、同書でいう「解釈」は、先に（iii頁の注＊）述べた長谷部教授の言われる「解釈」よりもかなり広い（一般的な）意味内容のものとして使われているようですが、それは、憲法・民法・刑法といった基本法を素材にしつつ「法解釈学」の最前線の思考を追体験させようといった趣旨からのものと推察します。そのような応用編の「解釈」をする前提として、まずは、条文の文理的な意味内容をしっかりと把握することが大切であることは、いくら強調しても強調しすぎることはないと思います。

本書の趣旨

以上のことからもお分かりになるように、本書は、「条文の作り方が分かれば、その読み方も分かる」といった観点から、法制執務の「お作法」の全体像を分かりやすく説明しようとしたものです。初版の「はしがき」において、「『法解釈』の世界と、『法制執務』＝『立法』の世界とをつなぐ、いわば架け橋となるような内容を目指〔す〕」と述べたのはこのような意味であり、この姿勢は、この第2版でも全く変わっておりません。

ただ、初版のベースとなった「条文の読み方―法制執務用語解説」が『法学教室』に連載されてから約一〇年が過ぎました。本書の執筆者が所属している（所属していた）衆議院法制局も二〇一八年の七月に創立七〇周年を迎えたのを機に、現時点における法制執務の到達点を意識しながら、より体系性を持った、合理的で平易な法制執務のルールに基づいて法律案を起案するべく、日々の業務の中でその体系化・マニュアル化に取り組んでおります。

また、執筆者のうち何人かは、ロースクールや公共政策大学院で「立法学」や「立法政策・立法技術」に関する講座を担当し、本書の対象とする法制執務に関する講義をしています。

そのような経験も踏まえて、初版を全面的に改訂した第2版を出して、より一層、皆さんが「条文を読み解く」際のお力になりたい、と思った次第です。

本書の特徴

この第2版の特徴は、次の二点です。

まず、この第2版でも、初版と同様に、第2部の「法令用語」（初版では「法制執務用語」と言っていましたが、一般的な「法令用語」を使うこととしました）の解説が中心となります。この点は全く変わっておりません。ただ、その際、個々の法令用語について、分かりやすい事例を付しながら丁寧な解説を並べていくだけではなく、それがどのような観点から規定内容や条文相互の関係の明確性を確保するものなのかなど、その体系的な位置付けを明らかにした上で説明するように心掛けました。

もう一点は、第1部を全面的に書き下ろしたことです。初版のQ＆A形式は取っつきやすく、聞き慣れない「法制執務」に対する抵抗感を軽減するには最適の形式だったと思います。しかし、ロースクールや公共政策大学院での「立法学」の講義などでの経験を踏まえると、さらに一歩前に進んで、平易さを維持しつつも、その全体像を体系的に提示する必要性も感じてきました。

そこで、第1部では「基礎知識編――法制執務の全体像」として、これを、①法律全体の構造に関するお作法（＝「第1章　法律全体の構造――マクロ法制執務」）、②個々の条文の構造に関するお作法（＝「第2章　条の構造――メゾ法制執務＊＊＊」）、③法令文で用いられる用字・用語を中心に個々の条文の表記に関するお作法（＝「第3章　用字・用語その他の表記――ミクロ法制執務」）と三つに分類して説明することとしました。さらに「第4章　配字――レイアウトのルール」として、法律における字の上げ下げといった事項についても、まとめて説明しております。

なお、法令用語については、体系的には③のミクロ法制執務の中に位置付けられるものではありますが、その具体的な解説と立法例の紹介は、分量の点を考慮して、これまでどおり、第2部として説明することとしました。

＊＊＊「メゾ」はイタリア語で、「真ん中の、中間の」といった意味を持った言葉です。ここでは、「マクロ」と「ミクロ」の中間というくらいの意味で用いていますが、個々の表現に関す

るルールではなくて、あくまでも「構成・構造」に関するルールという意味では、「マクロ法制執務」に準ずるルールとして位置付けられるものです。いずれにしても「マクロ法制執務」「メゾ法制執務」「ミクロ法制執務」というのは、直感的に法制執務の全体像を体系的にご理解いただくための比喩的な造語です。それ以上の意味はありません。

法制執務のポイント

あわせて、本書を読んでいく際の羅針盤となるように、本書の全体を貫いている法制執務の要諦（ポイント）についても、ここで言及しておきます。それは、法律（より広くは、法令）立案の基本姿勢は、①「明確性（正確性）」、②「簡潔性」、③「体系性（論理性）」にある、ということです。

①の「明確性（正確性）」は、法規範としての射程及び意味内容を明確・正確に表現するということですから、これ以上の説明は必要ないかと思います。問題は②の「簡潔性」と③の「体系性（論理性）」です。

成文法の国における法令では、書かれたことには全て意味がある（逆に言えば、書かれていないことには意味はない）、というのが原則です。そして、「余計な修飾語」や単なる「説明のための文章」というものは法令本体には書かれるべきではない、極限までそぎ落としてどうしても必要な事項だけを記述する――これが鉄則です。

だからこそ、何をどういう順番で書くかといった構造に関するルールが重要になってくるのです。つまり、法律全体の中で条文がどのように配列されるのかといった一般的お作法を前提とすることによって、その条文の位置付けが論理的に明確になり、そのことがその条文の解釈にも反映されて、立法者が意図したとおりの正確で体系的に整合性を持った解釈が可能となる――このような発想が基本にあります。本書において、法令用語を含む「ミクロ法制執務」とは別個に、法律全体の構成や条文の構成に関する「マクロ法制執務」「メゾ法制執務」といった項目立てをした意味も、ここにあります。

別の言葉で言えば、こうも言えましょう。明確な意味内容を持った法令用語をはじめとする法令文における用字用語その他の表記方法を「単語」とすれば、それを記述する法令文の構成に関するルールは、「文法」のようなものです。少しでも多くの「単語」（語彙）を身に付けるとともに、「文法」の理解も進めていくことによって、「語学」（＝条文読解）力は格段に上達するというのと同じです。このような発想を念頭に置いて本書を読み解くことが、「条文の読み方」を身に付ける早道になると思います。

固い話ばかりになってしまってはいけませんので、途中では、箸休め的な「コラム」も随所に入れてありますので、肩の力を抜いて読んでもらえれば幸いです。

謝　辞

最後に、今回の第2版への切替えの申出について御快諾いただき、また、丁寧に御対応・御助言を賜りました有斐閣法律編集局書籍編集部次長・京都支店長の五島圭司さんに、執筆者一同、心から感謝を申し上げます。

令和三年二月

法制執務・法令用語研究会を代表して

橘　幸　信

初版はしがき

PREFACE

法学部や法科大学院、公共政策大学院などで法律を学ぶ多くの学生の皆さんにとって、六法に載っている法律の条文は、解釈、適用の対象であるのが一般的ではないかと思います。

しかし、同じ法律でも、解釈、適用の対象としてみる場合と、これをつくる側に立つ場合とでは、条文に対する見方、考え方も大きく変わってきます。法律を解釈する場合は、様々な解釈の幅の中から、具体の現実に即し公平妥当な解決を図ったり、多くの人々の正義にかなう解釈を試みることが第一義になります。これに対し、法律をつくる場合（あるいは、契約書などの条項をつくる場合も同じですが）は、条文は、何よりも、一義的に明確、かつ、平易なものであることが重要になってきます。必ずしも専門家ではない、条文を読む普通の人々＝一般の国民にとって、行為の予測可能性が確保されるよう、そして、予期せぬ不意討ちを受け無用のトラブルに巻き込まれることのないように、あらかじめ配慮しておくことが極めて大切になってきます。

こうした要請に応えるため、「法制執務」と呼ばれる、解釈学とは別の世界が、先人達の手によって作り上げられています。法制執務における用語の数々は、私たちの日常用語とは少し異なる独自の世界を持っていることは否定できません。しかし、法律は、一部の専門家だけのものではありません。法律は、国民代表からなる国会において、国民のためにつくられるものです。一般の国民にとって分かりやすく、かつ、正確な条文をいかにしてつくるか――法制執務、法令用語独特の細かなルールも、実は、先人達のそうした努力の積み重ねの結果、できているものなのです。

本書は、「法解釈」の世界と、「法制執務」＝「立法」の世界とをつなぐ、いわば架け橋となるような内容を目指して、基礎的な法制執務用語や、立法の世界の常識について、ご紹介しています。法律をつくる側の常識、ノウハウを知ることによって、現在の皆さんの勉強が、より厚みのある奥深いものになる、その一助になれば幸いです。

本書の内容は、平成二一年四月から平成二三年三月までの二年間、計二四回にわたり雑誌『法学教室』に「条文の読み方―法制執務用語解説」として連載されたものをベースに、今回の単行本化にあたり、全体の構成を再度見直し、加筆修正を施したものです。

最後に、雑誌連載当初の企画段階から、絶えず私どもを励まして下さった有斐閣雑誌編集部の足立暁信、藤井崇玄の両氏に、感謝申し上げます。

平成二十四年三月

法制執務用語研究会

凡例

explanatory notes

本書では、読みやすさの観点から、法律番号、条名（条文の番号）及び項番号の表記を、次のようにした。

1　法律番号については、元号部分を「明治＝明」「大正＝大」「昭和＝昭」「平成＝平」「令和＝令」と略称し、「年」を省略するとともに、二桁以上の漢数字では「百」や「十」を省き、また、「第」「号」も省略した。

（例）「刑法（明治四十年法律第四十五号）」→「刑法（明四〇法四五）」

2　条名については、①まず、法律番号の場合と同様に、二桁以上の漢数字では、「百」や「十」等を省いた。②さらに、地の文で条名に言及する場合は、「第」も省略した。

（①の例）「第二百三十条」→「第二三〇条」

（②の例）「憲法第九十八条第一項」→「憲法九八条一項」

3　二つ以上の項を持つ条文の項番号については、有斐閣の六法全書等の表示に合わせて、元々の条文において正規の項番号が付されていない項も含めて、全て、各項の冒頭に①、②等の記号を付して項数を示し、見やすくした。

目次

CONTENTS

PART 01

第1部 基礎知識編――法制執務の全体像 条文を読む前に

序章 法制執務と法令

1 法制執務の意義と体系 002

(1) 離れた条文を組み合わせないと分からない？――マクロ法制執務の例 002

(2) 第○条の二と第○条第二項の違いって？――メゾ法制執務の例 003

(3) 「その他」と「その他の」って違うの？――ミクロ法制執務の例 004

(4) 法制執務の意義と体系 005

2 我が国の現行法令の姿 006

(1) 現行法令の種類 006　(2) 現行法律の数 008

(3) 法律の制定改廃の四つの形式 013

第1章 法律全体の構造――マクロ法制執務

1 法律の一般的構造 024

(1) 公布文と署名・連署 024
(2) 法律番号 024
(3) 法律の本体 029
2 本則の規定順と構成要素 038
(1) 本則の規定順――総論から各論へ 038
(2) 本則の構成要素 039
3 附則の規定順と構成要素 056
(1) 附則の規定順 056
(2) 附則の構成要素 057

第2章 条の構造――メゾ法制執務

1 条の一般的構造 067
2 条の構成要素 067

第3章 用字・用語その他の表記――ミクロ法制執務

1 用字（平仮名書き・口語体／常用漢字の原則） 074
(1) 漢字使用 074
(2) 送り仮名 075
2 法令用語 078
(1) 法令用語の意義 078
(2) 法令用語の分類 078
3 文の構成 079
(1) 基本構文を読む――法文読解の基本 079
(2) 読点のルール 079

(3) 具体例 080

第4章 配字――レイアウトのルール
1 配字とは 082
2 配字の基本ルール 082
3 旧法令の配字――項の配字に関する三つのタイプ 084
4 配字ルールに見る「立法の平易化」の流れ 085

付 章 法律の調べ方
1 現行法の調べ方 086
(1) データベースを利用する方法 086
(2) 紙媒体を利用する方法 087
2 制定法律や国会提出法律案の調べ方 087

PART 02

第2部 法令用語編 条文の読み方

法令用語の解説
1 規定内容を明確にするための用語 090

2 ある規範の例外や特則、その他の事項の追加など条文相互の関係を明確にするための用語 090
3 表現を簡略化するための用語 091
1 「その他」「その他の」 093
2 「係る」「関する」 097
3 「者」「物」「もの」 101
4 「場合」「とき」「時」 106
5 「以前」「前」「以後」「後」「以降」 109
6 「……の日から○日」「……の日から起算して○日」 112
7 「直ちに」「速やかに」「遅滞なく」 115
8 「期日」「期限」「期間」 120
9 「第○条の規定による」「第○条に規定する」「第○条の」 124
10 「協議」「同意」「承認」「合意」 128
11 「推定する」「みなす」 134
12 「科する」「課する」 138
13 「公布」「施行」「適用」 142
14 「とする」「ものとする」「しなければならない」 147

15 「……してはならない」「……することができない」 152
16 「この限りでない」「妨げない」 157
17 「なおその効力を有する」「なお従前の例による」 162
18 「及び」「並びに」 166
19 「又は」「若しくは」 171
20 「……の規定にかかわらず」「特別の定め」「別段の定め」 178
21 「……に定めるもののほか」 181
22 「ただし」「この場合において」 184
23 「適用」「準用」「例による」「同様とする」 189
24 「前」「次」「……から～まで」 194
25 「同」「当該」「その」 197

column

コラム

① 法律の制定件数の推移と「三つの法制改革期」 009

②溶け込み方式（改め文方式）と増補方式、新旧対照表方式 018
③法律番号と元号 027
④題名の長い法律・短い法律・題名のない法律 030
⑤法律の略称 032
⑥実体的規定の三類型 046
⑦論理的な条文の規定順とは？ 048
⑧条文数の多い法律・少ない法律 054
⑨附則が読めれば一人前 059
⑩「当分の間」っていつまで？ 062
⑪一番古い法律、最古の法令 065
⑫偽の見出し、変わった見出し 069
⑬枝番号について 072
⑭片仮名書き・文語体等の生き残り 076
⑮プロでも間違う「又は」「若しくは」の使い方？ 175

Part

01

Basic Guide

第1部

基礎知識編

——法制執務の全体像

条文を読む前に

序　章　法制執務と法令

「はしがき」では、法制執務を「マクロ法制執務」「ミクロ法制執務」に分けて体系的に理解することの重要性と、単語力（語彙力）と文法力の双方を意識して条文読解力を身に付けていくことの重要性を説明しました。

　この序章では、この三つの法制執務の説明に入る前に、そのウォーミングアップとして、具体的な事例でもって条文読解における法制執務的思考の重要性を説明します。あわせて、法律を学習する際の基礎知識として、我が国の現行法令の姿についても、ごく簡単に確認をしておきます。

1　法制執務の意義と体系

(1) 離れた条文を組み合わせないと分からない？
——マクロ法制執務の例

旅行会社が企画するツアーの中に、外国でのカジノ体験をセールスポイントとしているものを見かけたことがある方も多いと思います。我が国では、カジノは、①勝負が偶然の事情にかかっていること、しかも、②金銭を賭けて勝負を争う行為であることから、刑法一八五条に規定する「賭《と》博」に該当することになります。したがって、同条ただし書にいう「一時の娯楽に供する物を賭《か》けたにとどまるとき」に該当しない限り、「五十万円以下の罰金又は科料」に処せられることになってしまうように思われます。それでは、罰則覚悟でツアーに参加することになるのでしょうか。もちろん、そんなことはありません。

　ここで、改めて刑法（明四〇法四五）の目次を見てみましょう。前記の一八五条は「第二編　罪」の「第二十三章　賭《と》博及び富くじに関する罪」の中に規定されていますが、刑法には「第一編　総則」という一連の条文もあります。そこでは、冒頭の一条一項に「この法律は、日本国内において罪を犯したすべての者に適用する」として、属地主義の原則を定めています。その上で、その例外として、日本国民が国外犯に問われる規定としては、①全ての者の国外犯（二条）、②国民の国外犯（三条）、③公務員の国外犯（四条）、④条約による国外犯（四条の二）を定め、それぞれ国外で犯した場合でも適用される罪名及び罰条を掲げていますが、そのどこにも、一八五条は掲げられていません。というわけで、海外ツアーでのカジノは、日本の刑法では罰せられない、めでたしめでたし、ということになるのです※。

※　なお、特定複合観光施設区域整備法（平三〇法八〇）により、一定のカジノ行為については刑法一八五条・一八六条（常習賭博等）が適用されないものとされ、日本国内でも限定的ではあるがカジノ行為が合法化されることとなりました。

では、なぜ、一条や二条から四条の二といった冒頭部分と、一八五条のように、ずいぶんと離れた条文を組み合わせなければ、一つの事象に係る法律関係を適切に処理できないのでしょうか。それは、法律では、簡潔性の観点から、共通部分を取り出してまとめて先に書くというルールが採用されているからです（三八頁参照）。ですから、条文を読む側も、この書き手の側のルールを理解することで、読み手・書き手のコミュニケーションが成立し、初めて条文の正確な意味にたどり着くことができるようになるのです。

(2) 第〇条の二と第〇条第二項の違いって？
——メゾ法制執務の例

さて、もう一つ、別の刑法の条文を見ていただきましょう。皆さんは、刑法二三〇条という条文をご存知でしょうか。有名人のスキャンダルを取り上げた週刊誌に対して、有名人側が名誉毀損で告訴する、などといった場面で出てくる、名誉毀損罪を定めた条文です※。

※　ここでは、項番号は「②」ではなく、法律正文どおり「2」としています。

刑法（明四〇法四五）
（名誉毀《き》損）
第二三〇条　公然と事実を摘示し、人の名誉を毀《き》損した者は、その事実の有無にかかわらず、三年以下の懲役若しくは禁錮又は五十万円以下の罰金に処する。
2　死者の名誉を毀損した者は、虚偽の事実を摘示することによってした場合でなければ、罰しない。
（公共の利害に関する場合の特例）
第二三〇条の二　（略）

この条には、「2」から始まる段落がありますね。いわゆる「死者の名誉毀損」について定めた規定です。さて、ここで問題です。皆さんが刑法の答案の中で、この規定に照らして被告人が無罪であると主張するとき、この規定をどのように引用したらいいのでしょうか。第二三〇条にある「2」から始まる段落なので、「第二三〇条の2」でしょうか。しかし、改めて刑法を見てみると、この条のすぐ後ろに、「第二三〇条の二」という規定があります。この書き方では、その規定を指しているようにも読めてしまわないでしょうか。

このような問題があるため、法律の中では、指し示している規定が明確に読み取れるように、第二三〇条の「2」から始まる項（段落）を指すときには「第二三〇条第二項」と呼ぶことにして、「第二三〇条の二」とは区別することとされています（条や号の「枝番号」については、【コラム⑬】七二頁参照）。

このようなルールを知っていれば、書き手がどちらの規定を指し示しているのかがよく分かるだけではなくて、試験やレポート、準備書面等でも正確な条文を指示した表現ができるようになるのです。

(3) 「その他」と「その他の」って違うの？——ミクロ法制執務の例

法令で使われている用語の中には、日常用語と同じように表記しているように見える場合であっても、特殊な意味で用いられていたり、関連する他の用語との関係で特殊な用法で使い分けられているものがあります。

例えば、「その他」と「その他の」は、そのような法令用語の典型的なものの一つです。皆さん日常生活ではほとんど同じ意味で用いていると思いますが、法令では、この二つの表現は厳格に区別されて用いられているものです。すなわち、「その他」はその前後の語句を並列の関係で並べる際に用いられるのに対し、「その他の」はその前に置かれる語句がその後ろに置かれる語句の例示であることを示す際に用いられるものです（詳細は第2部❶九三頁参照）。「の」の有無といった一文字の違いで何が起こるのか、実際の例で考えてみましょう。

裁判所法（昭二二法五九）

第五七条（裁判所調査官） ① 最高裁判所、各高等裁判所及び各地方裁判所に裁判所調査官を置く。

② 裁判所調査官は、裁判官の命を受けて、事件（地方裁判所においては、知的財産又は租税に関する事件に限る。）の審理及び裁判に関して必要な調査その他他の法律において定める事務をつかさどる。

この例は、裁判所に置かれる「裁判所調査官」について定めた規定です。二項を見ると、「調査」と「他の法律において定める事務」の二つが「その他」という法令用語で並列の関係で並べられています。したがって、裁判所調査官の所掌事務は、①調査事務と②他の法律で特に定められた事務の二つであることが分かります。

では、この「その他」が「その他の」であったとしたら、条文の内容はどう変わるのでしょうか。

「その他の」は前の語句が後ろの語句の例示であることを示すために用いられるものですので、裁判所調査官の事務は、「(調査のような) 他の法律において定める事務」ということになって、②の他の法律で定められた事務が①の調査事務を吸収してしまうのです。しかし、現行法では、裁判所法以外の法律で裁判所調査官の調査事務を定めているものはありません。そのため、もしこの部分が「その他の」であった場合には、裁判所調査官は「調査官」でありながら調査をしない人たちになってしまいます。

このように、法令で使われている用語の中には、ちょっとした違いで条文の内容が大きく変わるものもあります。だからこそ、正確な条文読解のためには、このような法令用語の意味を理解しておくことは、何としても必要な素養になってくるのです。

いかがですか。最初の事例は、共通事項である「総則」が最初に置かれ、各則的な条文は、それを前提として定められているといった「法律全体の構造 (構成)」に関するルールの事例でした。二つ目の事例は、混同を避けるために、条文の中にある各パーツの指し示し方が決まっているという「条文の構造 (構成)」に関するルールの事例でした。最後の事例は、それぞれの条文で用いられる表現方法の重要な要素である「法令用語」に関する事例ということになります。

(4) 法制執務の意義と体系

このような法律をはじめとする法令起案の際の「お作法」は、我が国が近代法治国家として歩み出した明治以来 (先に掲げた刑法は明治四〇年の制定です)、内閣法制局や (日本国憲法の下では) 衆参の議院法制局における法制立案の中で慣行として確立してきたもので、法的整合性 (憲法との関係や、法律相互間で矛盾のない整合的な条文になっていること) や法的安定性を確保し、それを通じて国民の予測可能性を保障するといった観点から、厳格に守られてきたものです。このルールを理解することによって、正しい「条文の読み方」を行うことができるようになるわけです。

この法制立案の慣行＝「お作法」は、一般に、「法制執務」とか「立法技術」と呼ばれるものですが、「はしがき」でも述べたように、これを「マクロ法制執務」「メゾ法制執務」「ミクロ法制執務」として体系的な視点で位置付けて理解することが、その理解を大いに助けることになると思います。先の三つの事例は、おおよそこの三つの分野に対応しているものです。

2 我が国の現行法令の姿

(1) 現行法令の種類

ここでは、我が国の現行法令の全体的な姿について、ごく簡単に眺めておきましょう。

我が国における法形式の最上位に位置付けられているのは、「憲法」です。我が国では、憲法は「日本国憲法」という題名のものが一件あるだけです（諸外国では、複数の憲法的法規範の総体をもって「憲法」とする国もあります）。日本国憲法は、自らを「国の最高法規であつて、その条規に反する法律、命令、詔勅及び国務に関するその他の行為の全部又は一部は、その効力を有しない。」（憲法九八条一項）と定めています。

憲法に次ぐ法的効力を有するのは、「法律」です。法律は、「国の唯一の立法機関」（憲法四一条）とされた国会によって定められる法規範です。国民の権利義務に関するような事項その他国家にとって重要な事項は、法律で定めることが必要とされています。

法律の下に、行政機関の定める命令が位置付けられます。命令には、内閣の定める「政令」と、その下に位置する各府省大臣の定める「府令（内閣府令）」・「省令」とがあります。「府令（内閣府令）」は内閣府の長たる内閣総理大臣が、また「省令」（総務省令、法務省令など）は各省大臣が、それぞれその担当する主任の行政事務に関して定める命令です。

なお、行政機関の定める命令として、「政令」や「府令・省令」のほか、会計検査院や、人事院、公正取引委員会といった独立性の高い機関が定める「規則」もありますし、また、国会の各議院はその議事手続や内部規律に関し「議院規則」を定めることが、最高裁判所は訴訟に関する手続や裁判所の内部規律等に関し「最高裁判所規則」を定めることが、それぞれ憲法上認められています（憲法五八条二項・七七条一項）。

図表1　国レベルの国内の法令

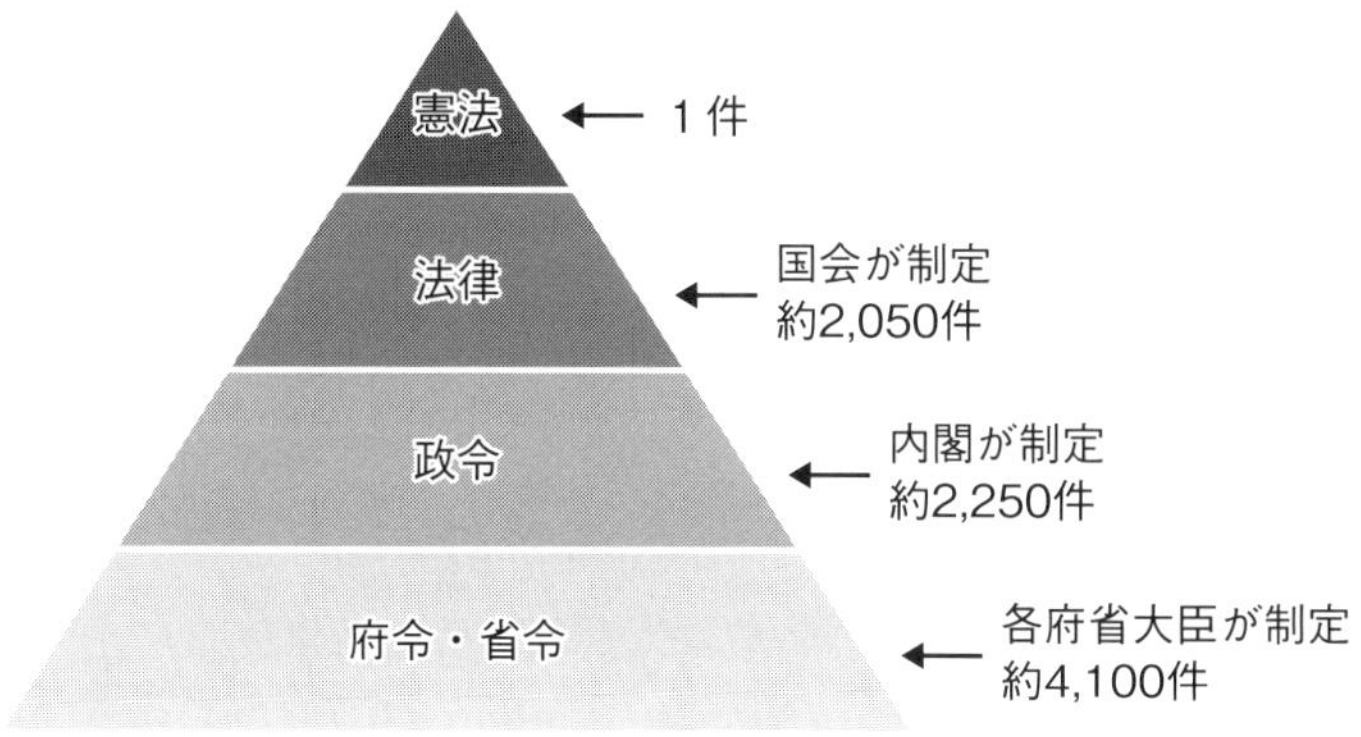

令和２年12月現在
総務省「e-Gov法令検索」（https://elaws.e-gov.go.jp/）を基に作成

そのほか、地方公共団体が定める「条例」や「規則」、国際的な法規範としての「条約」といった法形式も存在します。

以上のことを国レベルの国内法令に限って定式化すれば、我が国の法令は「憲法」→「法律」→「政令」→「府令・省令（両者は同レベル）」と、憲法を頂点としたピラミッド構造を形成しています（**図表1**）。この憲法を頂点とした国法体系の統一性を保つため、憲法八一条では「最高裁判所は、一切の法律、命令、規則又は処分が憲法に適合するかしないかを決定する権限を有する終審裁判所である」と規定していますが、このような上位の法令に違反することのないようにすること（法律の場合であれば、憲法に違反しないようにすること）は、法的整合性（＝垂直的な法的整合性）の確保の要請として、法令立案の段階から厳格に守るようにされています。

さらに、我が国における法令立案の実際では、他の同位の法令（法律の場合であれば、他の法律）との矛盾抵触関係についても、法令用語その他の法制執務のルールに従った条文整理が事前になされることになっています（＝水平的な法的整合性の確保）。このような法制執務のルールを厳格に遵守することによって、他国のように「後法は前法を破る」「特別法は一般法に優先する」といった法格言に頼ることなく、明文の規定でもって、法的安定性を確保し、国民の予測可能性を保障することとされているのです。

(2) 現行法律の数

ところで、現在、我が国において効力を有している法律は、いくつぐらい存在しているか、ご存知でしょうか。法律は、ほぼ毎年一〇〇件以上が成立し、公布されています。戦後の第一回国会から第二〇三回国会まで（一九四七年五月から二〇二〇年一二月まで）に成立した法律は、約一万件余りです。民法のように戦前から続く法律もあることを考えると、さらにその数は増えるはずです。ところが、現在効力を有する法律（現行法）は、約二〇五〇件程度です。

この差七九五〇件はどこにいったのでしょうか。その適用対象が消滅するなど実効性を失ったものもありますが、その主たる理由は、成立し公布される法律のかなりの部分を、既存の法律の「一部を改正する法律」が占めているからです。後述するように、「〇〇法の一部を改正する法律」は、施行されると元の「〇〇法」の中に溶け込んでその役割を終えるものです（ただし、附則の経過措置については別。六〇頁参照）。要するに、「〇〇法」といった形で効力を有している法律の数が約二〇五〇件、ということになります。

column

①法律の制定件数の推移と「三つの法制改革期」

我が国で初めて「法律」という形式の法規範が登場したのは、一八八六（明治一九）年の「公文《こうぶん》式《しき》」（「くもんしき」ではなく「こうぶんしき」と読みます）という勅令によって、国法の体系が整序されたときに遡ります。それまで、布告《ふこく》（例えば、太政官布告）とか達《たっし》、御触書《おふれがき》など様々な名称で呼ばれていた法形式が、「法律」→「勅令」→「閣令・省令」といった形で整備されました。その前年（一八八五年）の内閣制度の発足や、その後の大日本帝国憲法の制定・発布（一八八九年）、帝国議会の開設（一八九〇年）を経て、我が国は近代法治国家としての歩みを進めていったのです。

次頁のグラフは、公文式によって「法律」が誕生した一八八六（明治一九）年以降の制定件数の推移を示したものです（ちなみに、一八八六年の法律第一号は「登記法」です）。

このグラフを見ると、法律の制定件数には時期によってかなり大きな変動があることが分かります。このグラフからどのような事柄を読み取るかは色々あるでしょうが、概ね、法律の制定件数が上振れした時期として三つの時期を指摘することができます。法律の制定件数が多いということは、それだけの立法ニーズがあるということですから、日本の政治・経済社会が大きく変化していく時期ということができます。

まず、第一の法制改革期は、帝国議会が開設された一八九〇（明治二三）年前後です。欧米の近代国家に追いつき追い越せとばかりに、「坂の上

法律の制定（公布）件数の推移

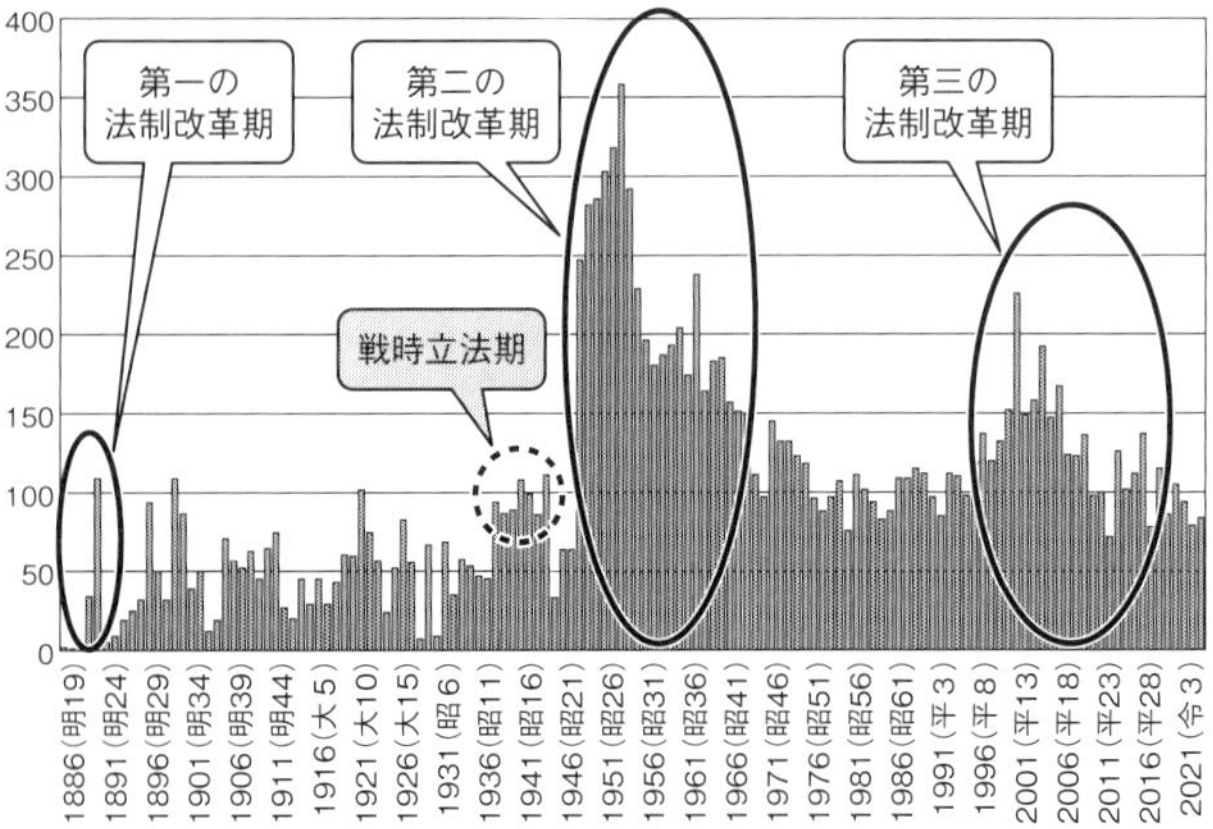

の雲」を目指していった「明治近代国家の草創期」ということができます。この時期に制定された法律としては、例えば、（旧）商法、（旧々）刑事訴訟法、行政裁判法、訴願法、府県制、銀行条例といったものがあります。なお、府県制や銀行条例は、題名に「法」・「法律」の文言はありませんが、れっきとした法律です。

第二の法制改革期は、一九四七（昭和二二）年から一九五〇年代にかけての時期です。敗戦の焦土から、新しい憲法の下で再び民主的で平和な国家として再出発し、一九五二（昭和二七）年のサンフランシスコ講和条約によって独立を回復していった時期です。憲法秩序の転換と独立回復に伴う、大規模かつ全面的な法体系の再編成がなされていった「戦後法制の形成期」ということができます。日本国憲法の下で「国権の最高機関」「国の唯一の立法機関」とされた国会の役割の増大、福祉国家の下での立法ニーズの増加に伴って、戦前とは比べものにならないほどの法律が制定されていきました。毎年二〇〇件を超え、一九五二年には三五八件にまで達しています。この時期に制定された法律としては、憲法附属法とも言うべき、皇室典範、国会法、公職選挙法、内閣法、国家行政組織法、裁判所法、地方自治法などがあるほか、新憲法の下で旧制度の全面的な見直しが必要となった刑事訴訟法や、新たに制定が必要となった労働基準法、労働組合法（旧労働組合法（昭和二〇年）の全部改正）、独占禁止法、証券取引法（現・金融商品取引法）、児童福祉法などがあります。

第三の法制改革期は、一九九〇年代以降の時期です。国際的には冷戦構造の崩壊、国内的にはバブル崩壊以降の経済の停滞を背景として、戦後の日本を形作っていたシステム全体について再点検・再編成が行われた時期であり、「戦後法制の再編期」ということができます。時期的には、ちょうど「平成」年間と重なっていますが、この時期には、基本的な法制度の大改革がいくつもなされました。その代表的な法律としては、例えば、行政手続法、情報公開法、地方分権一括法、中央省庁等改革関連法、NPO法、民法（債権法）改正、会社法、民事訴訟法、刑法改正（表記の平易化）、司法制度改革関連法（裁判員制度導入など）などが挙げられます。

なお、この「第三の法制改革期」については、民法学の泰斗・星野英一先生が一九九八（平成一〇）年の著書『民法のすすめ』（岩波新書）で「民法典施行一〇〇年の現在、民法関係法を含む多くの法律の立法が問題となっている。筆者はこれを、明治の法典編纂期、第二次大戦後の法律の変革期に次ぐ『第三の法制改革期』と呼んでいる」と述べられています。また、行政法学の塩野宏先生も、戦前・戦後を通じて大きな変化がなかった行政法システム・我が国の行政の在り方が、行政手続法や情報公開法などの制定によって大きく変化しつつあるとして、ドイツ行政法学の始祖であるオットー・マイヤーの「憲法は滅びる、行政法は存続する」をもじって「行政法は滅びる、憲法は存続する」（学士会会報一九九八年Ⅲ号）とか「行政法の Umbruch〔注：大変革〕」（季刊行政管理研究七三号〔一九九六年〕）などと述べています。

以上の星野先生の区分に加え、四つ目の時期を指摘することもできるかもしれません。それは、柳条湖事件に端を発した満州事変や二・二六事件などを経て、戦争の泥沼にはまっていった昭和一〇年代の時期、すなわち、一連の戦時立法が量産された時期です。このような意味も含めて、法律が多く作られる時期＝国家の仕組みや社会が大きく変わっていく時期ということを、法律の制定や解釈運用に関与する者は、自覚する必要があります。

(3) 法律の制定改廃の四つの形式

皆さんが、「法律」と聞いて思い浮かべるイメージは、六法で見るような形、すなわち、「○○法」といった題名から始まり、「第一条、第二条……」といった形で条文がきれいに整序された形のものだと思います。しかし、前述しましたように、毎年制定される法律のうちのかなりの部分を占めるものは、そのような法律の「一部を改正する法律」です。また、法律には、このほかにも、「全部改正法」(既存の法律の全部を改正する法律)や、「廃止法」(既存の法律を廃止する法律)といった形式のものも、ごく僅かですが、あります。

以下では、制定形式から見た法律の「四つの形式」について、説明します。

① 新規制定法

この「新規制定法」は、皆さんが思い浮かべるイメージそのままの法律の形式です。制定された後に、次に説明する一部改正法によって条項や字句の改正・削除・追加がなされても、それを溶け込ませた上で、法律として同一性をもったまま有効に存在し続けます(その意味では、「新規」制定法という呼称は、最初の制定時の形式に着目したものと言えます)。

しかし、近年、この「新規制定法」は、新たに制定・公布される法律の約二割程度にとどまっています。

なお、本書で説明する法制執務は、全てこの「新規制定法」の形式を前提としたものです。法律案を起案する場合には、量的に圧倒的に多い「一部改正法」に関する専門的な法制執務も重要な学習事項になりますが、法律(条文)を読む観点からは、この「新規制定法」に関する法制執務を理解すれば、十分だからです。

② 一部改正法と「溶け込み方式」について

既存の法律の内容の一部を変更しようとするときは、「○○法の一部を改正する法律」等といった題名の法律が制定されます。これが「一部改正法」と言われる形式で、近年、新たに制定・公布される法律のほとんど(約八割程度)を占めています。

なお、「一部改正法」の「一部」は、「全部ではない」という意味に過ぎず、相当に大幅な改正を行う場合についても、一部改正法の形式が採られることがあります。従来、片仮名書き・文語体だったものを平仮名書き・口語体に改める、平成七年の「刑法の一部を改正する法律」は、刑法の規定のほぼ全文を入れ替えるような大改正でしたが、一部改正法の形式が採られました。この理

図表2 「民法の一部を改正する法律」の例

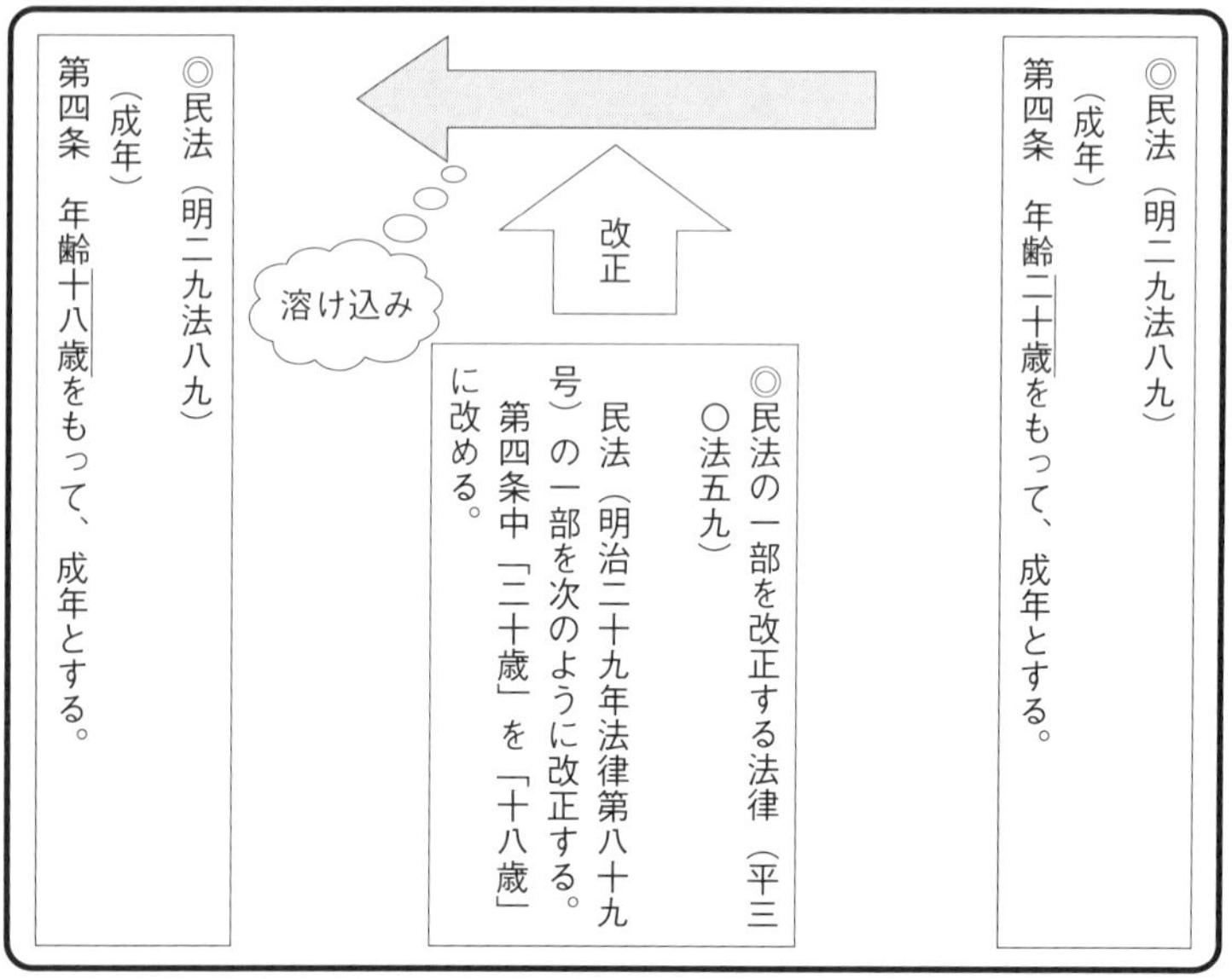
◎民法（明二九法八九）
（成年）
第四条　年齢二十歳をもって、成年とする。
改正
◎民法の一部を改正する法律（平三〇法五九）
民法（明治二十九年法律第八十九号）の一部を次のように改正する。
第四条中「二十歳」を「十八歳」に改める。
溶け込み
◎民法（明二九法八九）
（成年）
第四条　年齢十八歳をもって、成年とする。

由については、表記の改正を行っただけであり、内容は同一であることが形の上からも窺えるよう考えられたからだなどと説明されています（麻生光洋ほか「刑法の一部を改正する法律について——表記の平易化等のための刑法改正」ジュリスト一〇六七号〔一九九五年〕一三頁）。

この一部改正法については、我が国では、いわゆる「溶け込み方式」が採用されています。「溶け込み方式」では、一部改正法は、元の法律とは別の独立した法律として制定されるものの、その目的とする改正内容は施行とともに元の法律に溶け込んでしまって、改正規定自体は機能を喪失した「抜け殻」になるものとされています。

一部改正法の改正規定には、元の法律の改正場所を特定して、**第〇条中「〇〇」を「△△」に改める**、とか、**第〇条第〇項中「〇〇」の下に「△△」を加え**、**「××」を削る**、といったような文言が並んでいます。このため、「溶け込み方式」のことを「**改《かい》め文《ぶん》**（音読みでこのように読むのが一般的です）方式」と言ったりもします。

これを、従来二〇歳とされていた成年年齢を一八歳に引き下げる「民法の一部を改正する法律」を例に図で示すと、**図表2**のようになります。

③　全部改正法

「全部改正法」とは、元の法律の全部を改める法律です。「全部改正法」においては、まず、改正後の法律の題名を書き（改正前と同じでも、改めてもよい）、次に「○○法の全部を改正する」という文言（これを「制定文」と言います）を置き、その後に、全部改正後の新しい条文を順に書いていきます。その意味では、題名の次に「制定文」が付されていること以外は、「新規制定法」と変わるところはありません。

最近、この形式で制定された代表的な法律としては、「法の適用に関する通則法」（平一八法七八）（←法例（明三一法一〇）の全部改正）、「教育基本法」（平一八法一二〇）（←教育基本法（昭二二法二五）の全部改正）、「行政不服審査法」（平二六法六八）（←行政不服審査法（昭三七法一六〇）の全部改正）などがあります。

行政不服審査法（平二六法六八）

行政不服審査法（昭和三十七年法律第百六十号）の全部を改正する。

目次

（中略）

第一章　総則

（目的等）

第一条　……

（処分についての審査請求）

第二条　……

（以下略）

なお、法律の内容を全面的に改める場合、従来の法律を全部改正する方式のほか、従来の法律を廃止してその代わりに新しい法律を制定するという方式（新規制定法の附則で旧法を廃止する方式）もあります。「全部改正」か「廃止・新規制定」か、どちらの方式を選択すべきかについては、(a)改正内容の量的な側面においては旧法全体に及ぶほどの抜本的な改正であっても、※その法律制定の理念や基本的趣旨といった質的な側面においては新旧両法律に変化はなくその理念が引き継がれているといった場合には、「全部改正」の法形式が、(b)量的な側面に限らず、その質的な側面、すなわちその法律制定の理念や基本的趣旨などの転換を伴うような場合には、「廃止・新規制定」の法形式が、それぞれ採用されるのが原則です。ただし、実務的には、その区別はやや曖昧です。

※　②の「一部改正法」で言及した「刑法の一部を改正する法律」（平成七年）のように、改正内容の分量が法律

全体に及ぶような場合であっても、「全部改正法」ではなくて「一部改正法」の形式で立案される場合もあります。これは、本文で述べたような理由（表記の改正を行ったただけ、という立案担当者の説明。一四頁参照）のほかに、法制執務的な理由もあったのではないか、と推測されます。すなわち、法律には「法律番号」（これについては二四頁参照）が付されているのですが、一部改正法によって改正された場合は元の法律の「法律番号」は変わらないこととされているのに対して、全部改正法によって改正された場合には新しい全部改正法の法律番号に変わってしまうこととされているからです。表記の平易化のための全面的な刑法改正によっても「明治四十年法律第四十五号」という由緒ある法律番号を変えたくなかったのではないでしょうか……。

④　廃止法

「廃止法」とは、ある法律を廃止する旨を定める法律です。題名は「○○法を廃止する法律」というものであり、その本則も「○○法（××年法律第△△号）は、廃止する」といった、実に簡単なものです。また、この廃止法自体は、ある法律を廃止することでもって使命を終えるもので、この点、元の法律に溶け込んで使命を終える一部改正法と同じです。

国会議員互助年金法を廃止する法律（平一八法一）

国会議員互助年金法（昭和三十三年法律第七十号）は、廃止する。

ただし、既存の法律を廃止する方法としては、(a)このような「廃止法」を制定するほかにも、(b)ある法律の制定又は改正に伴う措置として、その「新規制定法」や「一部改正法」の附則で廃止する方法（【例1】）や、(c)元の法律の附則に、あらかじめ、その法律の終期を定めておくといった方法（【例2】）もあります。この最後の方法を採用する法律は、「限時法」とか「時限立法」と言われます。

【例1】

行政事件訴訟法（昭三七法一三九）**附則**

（施行期日）

第一条　この法律は、昭和三十七年十月一日から施行する。

（行政事件訴訟特例法の廃止）

第二条　行政事件訴訟特例法（昭和二十三年法律第八十一号。以下「旧法」という。）は、廃止する。

【例2】

市町村の合併の特例に関する法律（平一六法五九）**附則**

（失効）

第二条① この法律は、令和十二年三月三十一日限り、その効力を失う。ただし、同日までに行われた市町村の合併については、同日後もなおその効力を有する。

② （略）

column

②溶け込み方式(改め文方式)と増補方式、新旧対照表方式

我が国では、明治以来、法令改正の方式として「溶け込み方式」が採用されてきましたし、また、多くの国でも、改正箇所特定の明確性、改正法令全体の簡潔性等の観点から、「溶け込み方式」と同様の〝insert and delete〟方式が採用されています。

ところで、既存の法律を改正する方式としては、「溶け込み方式」のほか、「増補方式」（元の規定には何らの改廃を加えずに存置させたまま、修正○条のような形で新しい規定を後ろに付加していく方式。アメリカ合衆国憲法の改正（修正）方式がこの方式であることから、俗に「アメンドメント方式」などと呼ばれることもあります）や「新旧対照表方式」（改正前の規定と改正後の規定とを対照して表形式で示して、改正部分に傍線等を付してその改正内容を表す方式）などもあります。

三つの改正方式について、どのような違いがあるのか、次の架空の例で見てみましょう。

《改正対象条文》

（○○の設置の許可）

第一○条① ○○を設置しようとする者は、甲に対して、A、B、C及びDの書類を添付した申請書を提出して、その許可を得なければならない。

② 前項の規定は、その設置しようとする○○が、△△省令で定める基準に満たない軽微なものである場合は、適用しない。

《行おうとする改正内容》

① 許可申請者が一定の要件に該当する者である場合には、申請先（許可権者）は、甲ではなく乙でよいものとすること。

② 申請書の添付書類を簡素化して、B及びCのみとし、AとDは不要とすること。

① 溶け込み方式による一部改正法

これを、従来の**溶け込み方式**で起案すると、次のような改正文になります。

第十条第一項中「甲」の下に「（…〔一定の要件〕…に該当する者にあっては、乙）」を加え、「、A」を削り、「、C及びD」を「及びC」に改める。

実にシンプルで、必要にして十分な改正文です。しかし、この条文を見ただけでは、私たちの生活を規律する最終的な出来上がりの規定が分かりづらいことは確かです。

② 増補方式による一部改正法

他方、**増補方式**では、どのような改正をするのかが分かるように、元の条文はそのまま放っておいて、「行おうとする改正内容」それ自体を記述し、これに抵触する範囲で元の条文は改正・補充・削除されたものとして扱おうとするものです。その書き方はいろいろあるようですが、例えば、次のような改正文が考えられます。

××法増補

修正第一条① ○○を設置しようとする者は、甲に対して、B及びCの書類を添付した申請書を提出して、その許可を得なければならない。

② ……に該当する者が○○を設置しようとするときは、乙に対して、前項の申請をするものとする。

しかし、この方式の最大の難点は、元の法律がそのまま残っているため、修正○条と併せて読んで、両者が抵触している箇所については修正〇条で上書きされた条文を頭の中で作り出さないと、現在、実効性を持った規定の内容が分からない、という点です（例えば、元の一〇条一項の規定はそのまま残っています）。一般的には、実に不親切な条文との批判を受けそうな法形式です。

　このような改正方式で有名なのは、先ほども言及したアメリカ合衆国憲法の修正条項です。例えば、大統領の選出方法に関する二条一節（我が国と、「条（Article）」「節（Section）」の使い方が異なりますのでご注意ください）三項の規定は、修正一二条で大幅に修正・補足されていますが、その修正一二条自体も修正二〇条一節・三節で再修正・補足されています。さらには、修正二二条により有名な「三選禁止」が定められているなど、現在有効な規定の全体像が一見して分かりづらい定め方になっています。

なお、我が国でこの増補方式が採用された法令改正が、過去二回だけありました。いずれも旧憲法下の皇室典範の増補改正です（明治四〇年改正と大正七年改正）。旧憲法下の皇室典範は神聖不可侵な天皇家の「家法」（憲法と対等かつ別個の法体系をなすものであり、両者を合わせて「典憲」と称されていました）であり、その条項に手を加える（＝傷を付ける）ことが憚られたのでしょうか……（※）。

③ 新旧対照表方式による一部改正法

もう一つの改正方式が、近時、府省令レベルで見られるようになってきた**新旧対照表方式**です。これによれば、架空事例の改正文は次のようになります。

　次の表により、改正前欄に掲げる規定の傍線を付した部分（以下「傍線部分」という。）でこれに対応する改正後欄に掲げる規定の傍線部分があるものは、これを当該傍線部分のように改め、改正後欄に掲げる規定の傍線部分でこれに対応する改正前欄に掲げる傍線部分がないものは、これを加え、改正前欄に掲げる規定の傍線部分でこれに対応する改正後欄に掲げる規定の傍線部分がないものは、これを削る。

改正後	改正前
（…の設置の許可） 第十条　……を設置しようとする者は、甲（……に該当する者にあっては、乙）に対して、B及びCの書類を添付した申請書を提出して、その許可を得なければならない。	（……の設置の許可） 第十条　……を設置しようとする者は、甲に対して、A、B、C及びDの書類を添付した申請書を提出して、その許可を得なければならない。
2　前項の規定は、その設置しようとする……が、○○省令で定める基準に満たない軽微なものである場合は、適用しない。	2　前項の規定は、その設置しようとする……が、○○省令で定める基準に満たない軽微なものである場合は、適用しない。

「改正前後の法文が全て掲げられており、分かりやすい」、「立案担当者にとっては、『改め文』特有の技術的・専門的なルールを覚えなくともよく、負担が少ない」といったような理由がその背景にあるようです。

　果たしてそうでしょうか。まず、新旧対照表の前に置かれた改正柱書と言われる部分（＝改正作業の具体的な指示を行っている、最も規範性の高い記述）は、「改める」「加える」「削る」といったそれぞれの作用について丁寧に記述していますが、かなり複雑です。しかも右のような単純な字句の改正だけならまだいいのですが、これが、条項号単位での追加や削除、条項号の移動も入ってくると、一重傍線に加えて、二重傍線や破線によ る囲み線まで使われるなど、まるで呪文のようなものとなってきます。しかも、そのような新旧対照表の作り方（冒頭の改正柱書の書き方まで含めて）といった基本的な改正方式のルールは各府省バラバラで統一性がなく、かつ、不正確ですらあることが識者から指摘されています。

そもそも、圧倒的に改正文全体の分量が増えており、傍線を付していない箇所（非改正部分）に誤りがあった場合などの効力についても、疑義があることも指摘されているところです。分量が増えた改正文のチェックをする負担を考えると、どちらが「負担が少ない」か甚だ疑問です。

そういうこともあってか、「改め文」方式の方が分かりやすい場合には従来の方式によることが許容されるなど、両方式を併用している府省すらあるようです。

④ 小括

現時点においては、内閣法制局や議院法制局の審査を経る「法律」や、内閣法制局の審査を経る必要がある「政令」レベルでは、改正方式の安定性や簡潔性の観点に鑑み、あくまでも新旧対照表は「参考資料」として位置付けるにとどめ、議決の対象となる法文本体は、従前どおり、「改め文」方式で起案されています。特に、衆議院法制局の場合は、「一部改正法案に対する修正案」、すなわち議員修正を起案する場合も数多くあるのですが、その場合には、元の一部改正法案が上下二段の「新旧対照表方式」であれば、その修正案は「四段表」になってしまいますし、さらに、元の法案が「一部改正法の一部改正法案」の場合は、その修正案は、理屈の上では「八段表」になってしまいますから、どちらが「分かりやすい」かは、もう疑う余地もありません。

　これらは、単に「技術的な問題」「作業量の問題」というにとどまらず、国会の（修正を含めた）立法機能のあり方に関わるものであり、法律レベルでの「新旧対照表方式」の導入には、慎重な検討が必要となるでしょう。

※　第一刷を読まれた高見勝利先生（北海道大学名誉教授・上智大学名誉教授）から、皇室典範の一部改正が「増補方式」で行われたことについて、「本書の記述に興味をそそられたので、少し調べてみた」として、次のようなご教示をいただいた。実に興味深い、示唆的なご教示であるので、以下、その要旨を紹介する。
　まず、美濃部達吉の『憲法講話』によると、皇室典範の大部分の規定は、純然たる皇室内部の家法というよりは国家に重要な関係のある法規であり、このことに鑑み、明治四〇年制定の「公式令」では、皇室典範の改正形式について、従来の制を改めて、一般の国家法規と同様に、国務大臣の副署・官報による公布といった形式をとるものとされた。そして、その直後になされた「皇室典範の改正（増補）」では、まさしくこの方式が採られた。

　以上を踏まえて考えると、「公式令」の定める方式によって公布された「皇室典範の改正（増補）」は、明治二二年制定の「皇室典範」本体とは異なり、「家法」ではなく「国法」としての性格をもつ法規範と理解すべきなのではないか。このような家法と国法との法的性格の違いに鑑みて、両者が一体となってしまう「溶け込み方式」ではなくて、両者が併存する「増補方式」が採用されたのではないか――というのが高見先生の見立てである。

第1章　法律全体の構造——マクロ法制執務

1　法律の一般的構造

さて、この章では、「新規制定法」を念頭に、法律全体の構造に関するルールについて、見ていきましょう。まずは、次の具体例を見てください。官報で公布されるときの法律の全体像です。

(1) 公布文と署名・連署

まず、冒頭にあるのは「公布文」といわれる部分で、公布者の公布意思を表明するものです。「成文の法令が一般的に国民に対し、現実にその拘束力を発動する（施行せられる）ためには、その法令の内容が一般国民の知りうべき状態に置かれることを前提要件とする」（最大判昭三二・一〇・一五刑集一一巻一〇号二五九七頁）とされているとおり、法律が有効に施行・適用されるためには、それ以前に公布されていることが大前提です（法令用語としての「公布」「施行」「適用」については第2部⓭一四二頁参照）。しかし、この公布文それ自体は、法律の一部を成すものではありません。

また、末尾にある主任の大臣の署名、内閣の首長たる内閣総理大臣の連署は憲法七四条によって要求されているもので、その執行責任を明らかにするためのものとされています。しかし、この部分も法律の一部を成すものではありません。

あくまでも「法律」としての法規範性を有する部分は、題名から附則まで（別表がある場合はそれも）の部分であって、これは「改正の対象となる部分」でもあります。よく「前文には法規範性がない」といわれることがあります。しかし、それは裁判規範性がないといった意味であるなら一般的にはそのとおりですが、前文といえども法律の一部を成し改正の対象となるという意味での法規範性を有していることには、疑いはありません。

(2) 法律番号

さて、公布文と題名（法律本体の冒頭）の間に、「法律番号」があります。この法律番号は、その法律を特定するために公布の際に付されるもので、その暦年の「年号（元号）」と、暦年ごとの公布順に付された「通し番号」とで表されたものです。題名だけでも法律を特定することはできそうですが、例えば、「所得税法等の一部を改

図表3 法律の構造（イメージ図）【全体】

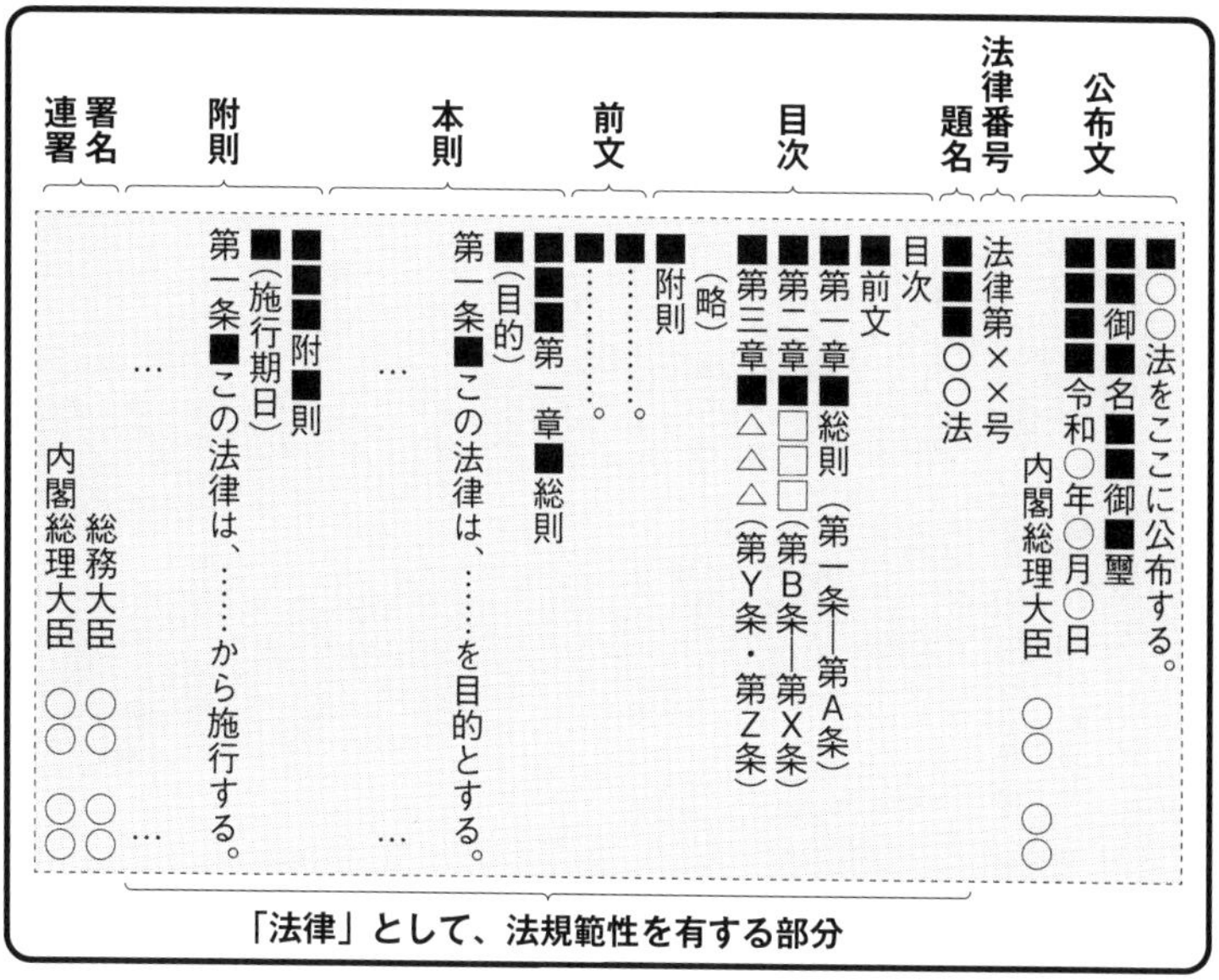

正する法律」のような一部改正法は毎年制定されることも少なくなく、このように題名が同一の法律について混同を生じることのないように、題名と法律番号を併せ表示することによって、その法律を特定することとされているのです。その意味では、法律番号はその法律の戸籍のようなものと言えるかもしれません。なお、この「法律番号」も、法律の一部を成すものではありません。

その法律（A法）を特定するために法律番号が用いられる場面というのは、ある法律（B法）の中でA法を引用するときに、そのA法がどの法律を指し示しているのかを特定するといった場面です。ただし、B法の中で「A法（令和○年法律第○号）」と法律番号まで入れて特定するのは初出の箇所だけで、繰り返し引用する場合の二回目以降は法律番号を略して「A法」とだけ引用してよい取扱いになっています。一回目に題名と法律番号で正確に特定しておけば、二回目以降は題名だけで十分に分かる、といった理屈です。

地方自治法（昭二二法六七）
（監査の実施に伴う外部監査人の義務）
第二五二条の三一 ①〜④ （略）

⑤　外部監査人は、監査の事務に関しては、刑法（明治四十年法律第四十五号）その他の罰則の適用については、法令により公務に従事する職員とみなす。

（外部監査人の監査の事務の補助）

第二五二条の三二①～⑥　（略）

⑦　外部監査人補助者は、外部監査人の監査の事務の補助に関しては、刑法その他の罰則の適用については、法令により公務に従事する職員とみなす。

⑧～⑩　（略）

法律番号は、新規制定法だけではなくて、一部改正法にも、全部改正法や廃止法にも、全て付されます。それでは、ある法律が、一部改正法によって改正された場合、その元の法律の法律番号はどうなるのでしょうか。新しい一部改正法の法律番号に自動的に変わってしまうのでしょうか。これについては、改正対象となった元の法律は、一部改正の前後で法律としての同一性が失われるものではないとの考えから、元の法律番号のままとする取扱いが確立しています。「民法」は制定以来たびたび一部改正されていますが、その法律番号は、制定当初のまま、今なお「明治二十九年法律第八十九号」なのです。

しかし、他方、一五頁（③の「全部改正法」の**注※**）でも述べましたように、法律の全部が改正された場合には、その同一性が失われた（いわば、生まれ変わった）ものとして、新しい全部改正法の法律番号に変わることとされています。それぞれの改正方式の理屈が頭を出してくるところですね。

column

③法律番号と元号

法律番号は、「元号による年表示」部分と「通し番号」部分から成っています。

まず、元号については、元号法（昭五四法四三）によって、「元号は、政令で定める」こと、及び「元号は、皇位の継承があつた場合に限り改める」こととされています。日本国憲法の下では、この元号法に基づいて、昭和天皇の崩御によって一九八九年一月八日に「昭和」から「平成」に、また、先の天皇の退位によって二〇一九年五月一日に「平成」から「令和」に、二度、元号が変わりました。

したがって、法律番号に冠される元号は、その法律の公布の日に有効な元号ということになりますから、令和への改元の際で言えば、二〇一九年四月三〇日までに公布された法律には「平成」が、同年五月一日以降に公布される法律には「令和」が冠されています。

さて、問題は、その「暦年ごとの公布順に付される通し番号」の部分がどうなるのか、という点です。この点については、「暦年ごとの公布順に付される通し番号」とはいっても、それは「一月一日から一二月三一日までの暦年」という意味ではなくて、あくまでも「その元号が付された暦年」という意味と理解されており、暦年の途中で改元があった場合には、新たな元号の下で第一号から番号が振り直されることとされています。時計の針が元に戻るのです。

したがって、二〇一九年（平成三一年＝令和元年）公布の法律については、二つの「法律第一号」があることになります。すなわち、平成三一年法律第一号（「平成三十年度分として交付すべき地方交付税の総額の特例に関する法律」）と令和元年法律第一号（「国会議員の選挙等の執行経費の基準に関する法律及び公職選挙法の一部を改正する法律」）です。

また、法律では、法律番号以外の部分でも、年を特定する際には西暦ではなくて和暦を用いることになっています。例えば、「この法律は、令和三年四月一日から施行する」といった具合です。そうしますと、平成の間に制定された法律の中に「平成三十八年三月三十一日までの間においては……」といった規定があった場合、この条文を「令和八年三月三十一日までの間においては……」と改正しないと、この条文は適用されないことになってしまうのではないか（「平成三十八年三月三十一日」などという日は、もはや存在しないから）という疑問が起こります。これについては、立法者がどの年を指そうとしているのかは明確であり、改元のためだけの改正は煩瑣なので行わないこととされています。ただし、表現として適切ではないことは確かなので、その法律について他の理由により改正の機会がある場合には、その際に併せて改正することとされています。

(3) 法律の本体

以下では、法律（本体）の各構成要素について、前記の**図表3**の順に説明します。

① 題名

題名は、法律の内容を簡潔に、かつ、正確に表したものです。「○○法」、「○○に関する法律」といった形で、それが法律という法形式であることを明確にすることとされています。現在、法律には例外なく題名を付することとなっています。

ところで、この〝簡潔〟でありながら、かつ、〝正確〟でもある、という二つの要請を同時に満たすことには、しばしば困難が伴います。正確に書こうとすると長くなることが一般的だからです。そういった場合によく用いられるのが「等」です。「行政機関の保有する情報の公開に関する法律」と並んで、「独立行政法人等の保有する情報の公開に関する法律」という題名の法律がありますが、この法律は、独立行政法人に加え、日本銀行や日本年金機構といった独立行政法人以外の法人をも対象としているので、「独立行政法人等」とすることによって、独立行政法人以外の者も対象とされていることを正確に表現しようとしているのです。

「等」は、法律では、題名に限らず、頻繁に用いられる便利な用語です。たった一文字の「等」に気付き、その中身を考えることで、法律の内容をより深く理解することができます。「等」が出てきたら、それが具体的に「何」を意味しているのかを考えられるようになったら、「条文の読み方」が相当に上達した証と言えるでしょう。

column

④題名の長い法律・短い法律・題名のない法律

本文で紹介したように、法律の題名を「簡潔」かつ「正確」に表すということは、なかなか難しいことです。簡潔に、つまり、少ない字数で表現できるに越したことはありませんが、そうすると正確性が損なわれることになりかねません。実例を見ると、立案者の相当な苦心が伺われるものもあります。

現行法で最も長い題名を持つ法律は、「日本国とアメリカ合衆国との間の相互協力及び安全保障条約第六条に基づく施設及び区域並びに日本国における合衆国軍隊の地位に関する協定及び日本国における国際連合の軍隊の地位に関する協定の実施に伴う道路運送法等の特例に関する法律」（昭二七法一二三）の一一〇字でしょう。題名中に二つの条約の題名（それぞれ六四字と二三字）を引用しているために長くなったものですが、それにしても、長いですね。ちなみに、題名中に「及び」が三つ、「並びに」が一つ出てきますが、それぞれ何と何を結んでいるか、分かるでしょうか（第2部⑱一六六頁の「及び」「並びに」を参照）。

他方、題名の短い法律ということになると、「法（法律）」であることを表しつつ、その法律の内容を一字で表すものとして、二字の題名の法律が浮かんできます。そうです、基本的な法律に多い題名ですね。民法（明二九法八九）や刑法（明四〇法四五）です。

ちなみに、平成以降の新規制定法・全部改正法で二字の題名の法律はありませんが、三字の題名の法律はいくつかあります。破産法（平一六法七五）、景観法（平一六法一一〇）、会社法（平一七法八六）、信託法（平一八法一〇八）、統計法（平一九法五三）、保険法（平二〇法五六）など九本の法律です。そのうち、形式・実質の両面で純粋に新規制定法と言えるのは、景観法のみです。簡潔な題名でその内容を表現し得るような基本的な法律は、昭和のうちに制定されてしまったということでしょう。

さらに短い題名ということになると、「これ以上短いものはない」と言えるのは、題名のない、いわば「0字」の法律でしょうか。現在では、本文で述べたように、全ての法律に題名を付することとされていますが、昭和二二年頃までは、簡潔な題名を付けることが難しい法律や内容があまり重要でない法律などについては、題名が付されないこともありました。よく知られた題名のない法律としては「独禁法」（昭二二法五四）がありま す。この法律については「私的独占の禁止及び公正取引の確保に関する法律」が正式名称のように引用されますが、これは、この法律の公布文で言及されている「あだ名」あるいは「仮の名前」のようなものなのです。これを「件名」と呼びます。題名のない法律については、公布文中の件名をもって引用することとされているのです。

column

⑤法律の略称

続いて、法律の略称についても、述べておきましょう。長い題名の法律を何度も引用するとき、その都度、正確に題名を引用していると、読み手にとってとても煩わしいものです。そのような場合には、初出のときに「以下「○○法」という。」と略称を用いる手法が採用されます。例えば、次のような例です。

政党助成法（平六法五）

（政党に対する政党交付金の交付等）

第三条① 国は、この法律の定めるところにより、政党交付金の交付を受ける政党等に対する法人格の付与に関する法律（平成六年法律第百六号。以下「法人格付与法」という。）第四条第一項の規定による法人である政党に対して、政党交付金を交付する。

② （略）

これは、法律の規定の中で定めている、いわば「正式」な略称ですが、このほか一般的に用いられる略称もあります。例えば、『令和２年版　六法全書』（有斐閣）の目次では、「よく使用される略称・通称・俗称」が掲げられており、「あっせん利得処罰法」（正式な題名は「公職にある者等のあっせん行為による利得等の処罰に関する法律」）、「ＮＰＯ法」（同「特定非営利活動促進法」）、「祝日法」（同「国民の祝日に関する法律」）、「入管法」（同「出入国管理及び難民認定法」）などが挙げられています。そのほかにも、「独禁法」（ただし、この法律には正式な題名がないことは、三〇頁の【コラム④】で指摘したとおりです）や「風営法」、「雇用機会均等法」など、人口に膾炙した略称も少なくありません。

ちなみに、貸金業法（昭五八法三二）は、制定時には「貸金業の規制等に関する法律」という題名であり、一般的な略称・通称として「貸金業法」と呼ばれていたのですが、その後、平成一八年の大改正の際に題名が「貸金業法」に改められました。かつての通称が、ついに正式の題名に取って代わったという経緯を持つ珍しい法律です。

また、正式の題名は、正確性を重視するために、長く、かつ、厳密な表現になりがちなのに対して、俗称・通称としての略称にはこのような制約がないため、往々にして、題名よりも「分かりやすい」ことがあります。例えば、「環境アセスメント法」（正式な題名は「環境影響評価法」）、「官製談合防止法」（同「入札談合等関与行為の排除及び防止並びに職員による入札等の公正を害すべき行為の処罰に関する法律」）、「マイナンバー法」（同「行政手続における特定の個人を識別するための番号の利用等に関する法律」）、「よっぱらい防止法」（同「酒に酔つて公衆に迷惑をかける行為の防止等に関する法律」）、「PFI法」（同「民間資金等の活用による公共施設等の整備等の促進に関する法律」）などです。最後のPFI法の法律上の略称は、「民間資金法」（構造改革特別区域法二八条一項等）とされていますが、これなども、法律における表現の厳格さを感じるところです。

ところで、「日本国憲法の改正手続に関する法律」の通称として、「憲法改正手続法」が使われることがあります。確かに、同法の題名を縮めるとそのような略称が考えられそうですが、一般的には「憲法改正国民投票法」とか単に「国民投票法」と呼ばれています。この法律は、元々は、憲法改正手続全般、つまり、①国会における発議手続と、②国民投票の実施手続との両方を整備したものだったのですが、①の部分は国会法の一部改正法として国会法の中に溶け込んでしまっていますので（一三頁の②の「一部改正法と『溶け込み方式』について」参照）、現在、この法律には、国民投票の実施手続に関する②の部分の規定しか残っていません。その規定内容を正確かつ簡潔に表す略称としては、やはり「憲法改正国民投票法」あるいは単に「国民投票法」がふさわしいといったところでしょうか。

なお、この法律には、長らく法律上の正式な略称はなかったのですが、先般、「日本国憲法の改正手続に関する法律の一部を改正する法律」（令三法七六）附則四条一号イにおいて「国民投票法」が正式な略称として用いられたことは、法律の規定内容を正確かつ簡潔に表すという考え方に軍配を上げたものであると考えられます。

② 目次

目次は、その法律の内容の理解と、規定の検索の便宜の観点から、本則に章・節等の区分を設ける場合（一般に条文数が多い場合）に付することとされているもので、題名の次に「目次」と記述して置くものとされています。区分の基本は「章」であり、「章」を更に細分化する場合には、順に「節」「款」「目」が用いられます。さらに、民法や会社法などの大法典においては、「章」の上に「編」の区分が設けられることもあります。

かつては、大正一五年六月一日に出された「法令形式ノ改善ニ関スル件」（内閣訓令）で「法文ノ記述ニ就キテハ実用ヲ主トシ懇切ヲ旨トシテ其ノ内容ヲ整理排列スベシ。例ヘバ大法典ニハ目次ヲ附シ章節ヲ分チ……」と定められているように、目次は「大法典」に付するものとされていましたが、現在では、そのようなものに限らず、ある程度の条文数（一〇数条程度）があれば、その内容的な区分を示し理解を助けるために置かれる場合も少なくありません。

目次では、章・節等の区切りごとにその名称（章名・節名などと呼ばれます）を付し、その章・節等に属する条文の範囲を示すこととされています。つまり、目次を見れば、大まかな規定項目とその位置が分かるようになっているわけで、目次は、法律の全体構造を示す文字どおりの「鳥瞰図」となっています。

例えば、次の行政事件訴訟法の目次を見てみると、①抗告訴訟に関する規定、しかも取消訴訟に関する規定がかなりの部分を占めていること、それ以外の訴訟類型として、②当事者訴訟と、③民衆訴訟及び④機関訴訟の類型が定められていること、が分かります。特に、③と④は同じ章の中で規定されていることなどは気になります。行政法の勉強をしていくと、民衆訴訟と機関訴訟は、いずれも私人の権利利益の救済を目的とする通常の主観訴訟ではなく、法規適用の適正を確保し公益を実現するための客観訴訟として位置付けられるといった共通性があるからだ、といったことが理解されます。そうした全体構造を念頭に置くことが、個々の条文の理解にも資することになるわけです。

行政事件訴訟法（昭三七法一三九）
目次
第一章　総則（第一条―第七条）
第二章　抗告訴訟
第一節　取消訴訟（第八条―第三五条）

第二節　その他の抗告訴訟（第三六条―第三八条）
第三章　当事者訴訟（第三九条―第四一条）
第四章　民衆訴訟及び機関訴訟（第四二条・第四三条）
第五章　補則（第四四条―第四六条）
附則

③　前文

憲法の前文は皆さんご存知かと思いますが、法律にも前文が置かれることがあります。「○○基本法」という題名が付されている法律に置かれることが多いのですが、それでも、前文を持つ法律というのは極めて珍しいものです。

前文は第一条の前に置かれ、そこでは、その法律の趣旨や目的、その法律が制定された背景や動機、その法律の基本原則等が高らかに謳われます。

以下に前文の例を掲げてみましたが、目次の場合には冒頭に「目次」と表記するのに対して、前文の場合はその書き出しの前に「前文」と表記することなく、すぐにその内容を書き下ろしていることにご留意ください。その記述されている場所それ自体から「前文」であることが分かる、といったところでしょうか。

教育基本法（平一八法一二〇）

我々日本国民は、たゆまぬ努力によって築いてきた民主的で文化的な国家を更に発展させるとともに、世界の平和と人類の福祉の向上に貢献することを願うものである。

我々は、この理想を実現するため、個人の尊厳を重んじ、真理と正義を希求し、公共の精神を尊び、豊かな人間性と創造性を備えた人間の育成を期するとともに、伝統を継承し、新しい文化の創造を目指す教育を推進する。

ここに、我々は、日本国憲法の精神にのっとり、我が国の未来を切り拓《ひら》く教育の基本を確立し、その振興を図るため、この法律を制定する。

国立国会図書館法（昭二三法五）

国立国会図書館は、真理がわれらを自由にするという確信に立つて、憲法の誓約する日本の民主化と世界平和とに寄与することを使命として、ここに設立される。

食育基本法（平一七法六三）

二十一世紀における我が国の発展のためには、子どもたちが健全な心と身体を培い、未来や国際社会に向かって羽ばたくことができるようにするとともに、すべての国民が心身の健康を確保し、生涯にわたって生き生きと暮らすことができるようにすることが大切である。

子どもたちが豊かな人間性をはぐくみ、生きる力を身に付けていくためには、何よりも「食」が重要である。……

一方、社会経済情勢がめまぐるしく変化し、日々忙しい生活を送る中で、人々は、毎日の「食」の大切さを忘れがちである。国民の食生活においては、栄養の偏り、不規則な食事、肥満や生活習慣病の増加、過度の痩《そう》身志向などの問題に加え、新たな「食」の安全上の問題や、「食」の海外への依存の問題が生じており、……

国民一人一人が「食」について改めて意識を高め、自然の恩恵や「食」に関わる人々の様々な活動への感謝の念や理解を深めつつ、「食」に関して信頼できる情報に基づく適切な判断を行う能力を身に付けることによって、心身の健康を増進する健全な食生活を実践するために、今こそ、家庭、学校、保育所、地域等を中心に、国民運動として、食育の推進に取り組んでいくことが、我々に課せられている課題である。……

これらは、代表的な前文の例ですが、国立国会図書館法の前文は簡潔ながら、「国会」図書館としての使命と「国立」図書館として国民全般に奉仕する使命とを背景に、知識と情報によって民主主義を下支えしようといった熱い思いが伝わってきます。この「真理がわれらを自由にする」の部分は、法案の起草に参画した羽仁五郎議員がドイツ留学中に見た大学の銘文を基に創出したもので、その銘文は、新約聖書の「真理はあなたたちを自由にする」（ヨハネによる福音書八：三二）に由来すると言われています（稲村徹元＝高木浩子「『真理がわれらを自由にする』文献考」参考書誌研究三五号（一九八九年））。

また、前文も法律の一部を成すものですが、制定の経緯や動機などが述べられることが多いことから、本則や附則の各条項では規定しづらい議員の「思い」のようなものが盛り込まれることも少なくありません。食育基本法の前文はその代表的な例ですが、このようなことまで法律として記述することについては、批判もあります（根本清樹「政態拝見・ごもっとも、ではありますが」朝日新聞平成一七年二月八日付）。

④　本則

本則は、その法律の本体を成す部分です。その構成は一様ではありませんが、①総則、②実体的規定、③雑則、④罰則、の四つの部分から成っているのが典型的な構成です。

本則の規定順及び各構成要素については、**2**で詳しく説明します。

⑤　附則

附則は、本則に付随する部分です。本則の後に置かれ、「附　則」の文言から始まります。附則には、①その法律の施行期日に関する規定、②その法律の施行に伴う経過措置に関する規定、③関係する既存の他の法律を改正する規定（いわゆる「水平的な法的整合性」を確保するための関係法律の整理に関する規定）などが置かれます。また、④一定期間経過後の見直し等を義務づける、いわゆる「検討条項（見直し条項）」が置かれる場合もあります。

附則の規定順と各構成要素については、**3**で詳しく説明します。

2　本則の規定順と構成要素

(1)　本則の規定順——総論から各論へ

本則においてどのような順番で条文を並べていくかに関する最も基本的なルールは、全体に共通する事項はくくりだして「総則」あるいは「通則」として最初に規定する、そして、個別的な規定はその後に続く、といった論理的体系に基づいて条文を配列する、ということです。

つまり、「総則（総論）」が先に、「各論」が後に、という体系化が図られているのです。このような体系化の手法は、民法の教科書などで、しばしば「パンデクテン方式」として説明されています。

皆さんがよく勉強する民法の例で見てみましょう。

民法（明二九法八九）

目次

第一編　総則（意思表示に関する規定など）

第二編　物権

第三編　債権

第一章　総則（債務不履行に関する規定など）

第二章　契約

第一節　総則（契約の解除に関する規定など）

第二節　贈与

第三節　売買

……

第三章　事務管理

第四章　不当利得

第五章　不法行為

第四編　親族

第五編　相続

民法の売買に関する規定は、「第三編　第二章　第三節売買」の中に置かれています。しかし、売買のほか、贈与・賃貸借・委任など他の契約類型にも共通する規定は、「契約」の章の冒頭の「総則」（契約総則）に置かれています。契約のほか、不法行為など他の債権発生原因にも共通する規定は、「債権」の編の冒頭の「総則」（債権総則）に置かれています。さらに、債権のほか、物権などにも共通する規定は、全体の冒頭の「総則」の編に置かれています。その結果、売買契約をめぐる法律関係に関する規定を調べようとするとき、「第三編　第二章　第三節　売買」の節だけを見ていても必要な規定が見当たらない、相当程度前に遡って必要な条文を探さなければならない、ということになるわけです。

少々やっかいな方式でも、この方式は、繰り返し同じ規定を置くことを避けられる点で合理性があるものであり、まさしく法制執務における「簡潔性」の要請に応えた立法技術ということができます。

民法や会社法などの大法典では、このように、何段階にもわたって共通する部分をくくりだすという構成になっています。必要な規定を探し当てるには、こうした大法典の場合はもちろんのこと、そうでない場合であっても、「総論から各論へ」という構成は、常に意識しておくことが重要です。

(2) 本則の構成要素

「総論から各論へ」という原則の下、本則では具体的にどのような規定がどのような順番で並んでいるのか、「消費者契約法」を例に見ていきたいと思います。まず、その目次を基に、本則の構造を分析してみましょう。

消費者契約法（平一二法六一）

目次

第一章　総則（第一条―第三条）　←総則

第二章　消費者契約

第一節　消費者契約の申込み又はその承諾の意思表示の取消し（第四条―第七条）

第二節　消費者契約の条項の無効（第八条―第一〇条）

第三節　補則（第一一条）

第三章　差止請求

第一節　差止請求権（第一二条・第一二条の二）

第二節　適格消費者団体

第一款　適格消費者団体の認定等（第一三条―第二二条）

←実体的規定

第二款　差止請求関係業務等（第二三条―第二九条）
第三款　監督（第三〇条―第三五条）
第四款　補則（第三六条―第四〇条）
第三節　訴訟手続等の特例（第四一条―第四七条）
第四章　雑則（第四八条・第四八条の二）　←雑則
第五章　罰則（第四九条―第五三条）　←罰則
附則

① 総則

本則の中で、その冒頭に置かれるのが「総則」です。ここには、法律全体に通ずる原則や基本的な事項を定めた規定が置かれます。目的規定や定義規定などが、総則に置かれる代表的な規定です。

ⓐ 目的規定

目的規定は、その法律の果たすべき目的を端的に述べた規定であり、その法律の各条項を解釈する際の指針ともなるものです。通例、冒頭の第一条に置かれる規定です。

消費者契約法

（目的）

第一条　この法律は、(A)消費者と事業者との間の情報の質及び量並びに交渉力の格差に鑑み、(B)事業者の一定の行為により消費者が誤認し、又は困惑した場合等について契約の申込み又はその承諾の意思表示を取り消すことができることとするとともに、事業者の損害賠償の責任を免除する条項その他の消費者の利益を不当に害することとなる条項の全部又は一部を無効とするほか、消費者の被害の発生又は拡大を防止するため適格消費者団体が事業者等に対し差止請求をすることができることとすることにより、(C)消費者の利益の擁護を図り、もって(C')国民生活の安定向上と国民経済の健全な発展に寄与することを目的とする。

この目的規定は、「この法律は、(A)に鑑み、(B)することにより、(C)し、もって(C')することを目的とする。」という構文になっています。これは、目的規定の書き方の一つの基本型です。(A)でこの法律制定の動機や背景といった「立法事実」を、(B)ではこの法律に規定された内容（「立法手段」）を要約しながら簡潔に述べた上で、(C)及び(C')でそのような立法手段によって達成しようとする「立法目的」を明らかにしていく、といった構造です。

したがって、目的規定を読めば、その法律の全体像が摑めるといっても過言ではなく、とても便利な規定なのです。特に(B)の部分は、これを目次と照らし合わせてみることで、この法律の骨組みが見えてきます。この法律では、消費者の利益の擁護を図るといった目的の下、消費者契約につき、その「申込み又は承諾の意思表示の取消し」については二章一節に、その「条項の無効」については二章二節に規定されていること、適格消費者団体による「差止請求」については三章に規定されていることが分かります。法律は、極めて論理的に組み立てられているのです。

ⓑ 定義規定

定義規定とは、内容が一義的に定まらない用語について、その法律の中での意味内容を明確にするために置かれる規定です。用語の意味内容を定義する方法としては、個々の条文の中で「(以下「○○」という。)」といった形でそれを行う「略称規定」という方法もある(次の消費者契約法一二条の二参照)のですが、定義規定に登場する用語は、この法律を通じて何度も出てくるか、極めて重要な意義を持った用語である場合が多く、その意味では、定義規定の条文は、法律全体を一つの物語とした場合、その「主要な登場人物の紹介」に当たるものです。したがって、定義規定を見れば、この法律の中での重要な概念が分かる、と言うことができます。

定義規定は、多くの場合、目的規定の次に置かれ、総則の中でも目立つ場所に陣取っています。

消費者契約法では、目的規定の次の第二条において、「消費者」「事業者」「消費者契約」「適格消費者団体」の定義規定が置かれています。

消費者契約法

(定義)

第二条① この法律において「消費者」とは、個人(事業として又は事業のために契約の当事者となる場合におけるものを除く。)をいう。

② この法律(第四十三条第二項第二号を除く。)において「事業者」とは、法人その他の団体及び事業として又は事業のために契約の当事者となる場合における個人をいう。

③ この法律において「消費者契約」とは、消費者と事業者との間で締結される契約をいう。

④ この法律において「適格消費者団体」とは、不特定か

つ多数の消費者の利益のためにこの法律の規定による差止請求権を行使するのに必要な適格性を有する法人である消費者団体（消費者基本法（昭和四十三年法律第七十八号）第八条の消費者団体をいう。以下同じ。）として第十三条の定めるところにより内閣総理大臣の認定を受けた者をいう。

（差止請求の制限）

第一二条の二① 前条、不当景品類及び不当表示防止法（昭和三十七年法律第百三十四号）第三十条第一項、特定商取引に関する法律（昭和五十一年法律第五十七号）第五十八条の十八から第五十八条の二十四まで又は食品表示法（平成二十五年法律第七十号）第十一条の規定による請求（以下「差止請求」という。）は、次に掲げる場合には、することができない。

一・二 （略）

② （略）

ところで、行政機関の保有する個人情報の保護に関する法律二条二項においては、「個人情報」の定義規定が置かれています。ちなみに、個人情報保護法二条一項においても、「個人情報」の定義規定が置かれているのですが、両者は同じではありません。前者においては「他の情報と照合することができ……」とあるのに対し、後者では「他の情報と容易に照合することができ……」とされているのです。つまり、行政機関個人情報保護法では、他の情報との照合により特定の個人を識別することができる情報については、その照合が容易でない場合であっても「個人情報」に含まれることとし、保護の対象としているのです。

このように、同じ言葉であっても、異なる定義がなされていることもあります。総則に置かれた定義規定は、その法律を通ずる重要な概念を示すものでもありますので、注意して一つ一つの文言を確認してみてください。

行政機関の保有する個人情報の保護に関する法律（平一五法五八）

（定義）

第二条① この法律において「行政機関」とは、次に掲げる機関をいう。

一～六 （略）

② この法律において「個人情報」とは、生存する個人に関する情報であって、次の各号のいずれかに該当するものをいう。

一 当該情報に含まれる氏名、生年月日その他の記述等（……）により特定の個人を識別することができるもの（他の情報と照合することができ、それにより特定の個人を識別することができることとなるものを含む。）
二　個人識別符号が含まれるもの
③～⑪　（略）
※　なお、この法律は、「デジタル社会の形成を図るための関係法律の整備に関する法律」（令三法三七）により、令和四年四月一日に廃止されました。

②　実体的規定

「実体的規定」は、その法律の中心的な部分であり、その法律の立法目的を実現するための具体的な「手段」について定めた規定です。

消費者契約法で言えば、二章一節「消費者契約の申込み又はその承諾の意思表示の取消し」の中では、具体的に意思表示の取消しが認められる場合について定められていますし、二章二節「消費者契約の条項の無効」の中では、具体的に条項が無効とされる場合について定められています。また、三章「差止請求」の中では、適格消費者団体が差止請求をすることができる場合や適格消費者団体の認定、さらには、適格消費者団体が行う差止請求に係る訴えについての訴訟手続の特例等について定められています。

実体的規定は、法律の目的に応じてその内容は実に様々ですが、その規定順に関しては、概ね、以下のようなルールがあります。このルールを頭に入れておくだけでも、条文が少し読みやすくなるのではないでしょうか。

ⓐ　原則から例外へ

これは、ある事項について原則と例外の双方を規定する場合、まず原則を規定した上で、次いで例外を規定する、といったごく自然なルールです。

行政機関情報公開法の五条では、行政機関の長は、本人からの開示請求を受けて、不開示情報が含まれる場合を除き、その請求のあった行政文書の全体を開示する義務がある旨規定されています。これに続き、六条では全部開示の原則に対する例外としての部分開示が、七条では非開示の原則に対する例外としての裁量的開示が、それぞれ規定されています。つまり、五条で原則的な取扱いをまず定めておいてから、続く六条・七条でこれに対する例外的な取扱いを規定する、といった順番になっているのです。

行政機関の保有する情報の公開に関する法律（平一一法四二）

（行政文書の開示義務）

第五条　行政機関の長は、開示請求があったときは、開示請求に係る行政文書に次の各号に掲げる情報（以下「不開示情報」という。）のいずれかが記録されている場合を除き、開示請求者に対し、当該行政文書を開示しなければならない。

一～六　（略）

（部分開示）

第六条①　行政機関の長は、開示請求に係る行政文書の一部に不開示情報が記録されている場合において、不開示情報が記録されている部分を容易に区分して除くことができるときは、開示請求者に対し、当該部分を除いた部分につき開示しなければならない。ただし、当該部分を除いた部分に有意の情報が記録されていないと認められるときは、この限りでない。

②　（略）

（公益上の理由による裁量的開示）

第七条　行政機関の長は、開示請求に係る行政文書に不開示情報（第五条第一号の二に掲げる情報を除く。）が記録されている場合であっても、公益上特に必要があると認めるときは、開示請求者に対し、当該行政文書を開示することができる。

ⓑ　時系列

次に、段階的に行われる行為に関する一連の手続については、時系列に沿って規定する、というルールがあります。

裁判員の参加する刑事裁判に関する法律に、裁判員の選任手続が規定されています。その主な規定の条名と見出しを掲げれば、以下のとおりです。

裁判員は、誰もが選ばれる可能性があります。関係条文はかなりの分量ですが、是非一度実際の条文に目を通していただき、時系列に沿って配列された一連の手続規定を「体感」してみてください。

裁判員の参加する刑事裁判に関する法律（平一六法六三）

第二三条　裁判員候補者名簿の調製

……翌年の裁判員候補者の名簿の作成

第二五条　裁判員候補者への通知

……裁判員候補者名簿に記載されたことを通知

第二六条　呼び出すべき裁判員候補者の選定

……くじで、その事件の裁判員候補者を選定

第二七条　裁判員候補者の呼出し

……選任手続を行う期日のお知らせ

第二九条　裁判員候補者の出頭義務、旅費等
……選任手続の期日に裁判所へ出頭

第三四条　裁判員候補者に対する質問等
……裁判長による質問手続

第三七条　選任決定
……最終的に、くじでその事件の裁判員を決定

ⓒ　中心的事項から派生的・周辺的事項へ

もう一つ、中心的事項とともに派生的事項についても規定する場合には、まず中心的な事項について規定した上で、次いで派生的事項について規定する、というルールがあります。

不正アクセス行為の禁止等に関する法律では、不正アクセス行為（他人のパスワードを悪用すること等により、本来アクセスする権限のないコンピューターを利用する行為）を防止するため、これに関わる行為を禁止する定めが置かれています。

具体的には、①まず、不正アクセス行為自体を禁止した上で（三条）、②これにつながる（いわば、不正アクセス行為に関連・付随する）パスワード等の不正な取得・提供・保管（四条〜六条）や、パスワード等を騙し取る行為（七条）を禁止しています。中心的な行為から周辺部分へ規制対象を広げる形となっているわけです。

不正アクセス行為の禁止等に関する法律（平一一法一二八）
第三条　不正アクセス行為の禁止
第四条　他人の識別符号を不正に取得する行為の禁止
第五条　不正アクセス行為を助長する行為の禁止
第六条　他人の識別符号を不正に保管する行為の禁止
第七条　識別符号の入力を不正に要求する行為の禁止

column

⑥ 実体的規定の三類型

法律の本体ともいうべき実体的規定の内容・形式は、実に様々です。しかし、一九八〇年代頃までは、我が国の行政法規は概ね三つの「型」に分類されるものと理解されていました。当時、法案立案担当者の座右の書とされていた、林修三ほか『例解立法技術〔第二次全訂新版〕』（学陽書房、一九八三年）で、次のように述べられていたのです。

「法令の実体的規定は、それぞれの法令の目的、内容等の異なるに従って千差万別である。しかし、そうはいっても、法令全般を通観するときは、……幾つかの類型に分類することができ、この類型ごとにみれば、規定内容にもある程度の共通点とか、共通の原理、原則を見いだすことができる。」

そして、その類型として、(1)事業取締法規、(2)助成法規、(3)資格付与法規の三つの型を掲げ、具体的な立法例とともに、その規定順が詳細に「例解」されていたのです。例えば、事業取締法規を例に挙げれば、①許可（認可、登録等）制を定める基本規定、②許可の申請、③許可の基準、④許可・不許可の処分決定、⑤許可の有効期間・許可証、⑥許可事項の変更、⑦許可の承継、⑧許可の取消しといった順番です。本文で述べた実体的規定の規定順に関するルールを当てはめれば、②③④⑥⑦⑧などには時系列ルールが、①⑤には中心事項・派生事項ルールが、⑥⑧には原則・例外ルールの思想が、それぞれ現れているものと見ることができます。

　しかし、平成年間に入った頃から、これらの三類型ではカバーできない法律が非常に多くなってきて、たびたび改訂版が上梓されてきた前記の名著も、その後、改訂が全くなされなくなりました（もはや、改訂困難？）。その背景にあるのは、平成年間の「第三の法制改革期＝戦後法制の再編期」（九頁の【コラム①】参照）において見られる「○○基本法」や「○○特例法（特措法）」の増加傾向があるように思われます。まさしく法律の「型」までもが流動化するような時代になったということです。

　それでも、「論理的に構成する」という法制執務の哲学は不変であり、本文で述べたような実体的規定の規定順に関する三つのルールは、いろいろなところに応用されていることだけは確かです。

column

⑦論理的な条文の規定順とは？

本文で述べたように、条文の規定順にはいくつかのルールがあるわけですが、いずれも「理にかなった」「論理的」なルールだと言えます。ところが、膨大な数の現行法の条文の中には、ときには、「論理的な規定順になっているのだろうか？」と気になるものも見かけます。

例えば、成年後見人への郵便物等の転送と成年後見人による郵便物等の開披・閲覧を定めた次の規定はどうでしょうか。

民法（明二九法八九）

（成年後見人による郵便物等の管理）

第八六〇条の二① 家庭裁判所は、……必要があると認めるときは、成年後見人の請求により、信書の送達の事業を行う者に対し、……成年被後見人に宛てた郵便物……を成年後見人に配達すべき旨を嘱託することができる。

②〜④（略）

第八六〇条の三① 成年後見人は、成年被後見人に宛てた郵便物等を受け取ったときは、これを開いて見ることができる。

②・③（略）

八六〇条の二第一項では、成年後見人による後見事務の円滑な遂行に資するために、成年被後見人に宛てられた郵便物等を成年後見人に配達（転送）すべき旨の嘱託をすることができる規定が定められています。それに続いて八六〇条の三の開披・閲覧の規定があるわけですから、普通に考えると、この条文は「前条（八六〇条の二）の規定によって転送されてきた郵便物を開いて見ることができる」規定なのだな、と思いますよね。

ところが、この条文には「前条の規定により（成年被後見人に宛てた郵便物等を受け取ったとき）」の文言がありません。実際、この八六〇条の三の規定は、例えば、郵便物等の転送を受けていない成年後見人が、成年被後見人の住居に出向いて郵便物等を開披・閲覧することもできることを定めた規定だと解されています。後見事務を円滑に遂行するためには、当然にそのような行為は認められるべきだ、ということです。

そうであるならば、この条文の順番は適切でしょうか。全ての成年後見人に与えられた郵便物等の開披・閲覧の権限という一般的権限がまずあって、これを担保するために（開披・閲覧するためには、手元に郵便物等が転送されてきた方が確実ですから）、郵便物等の転送規定があるという順番の方が、論理的であるようにも思われるからです。

民法が現行法のような規定の仕方になっている理由としては、前記の規定を盛り込む民法改正（平成二八年）に先行して、破産法（八一条・八二条）や民事再生法・会社更生法などに同様の規定があり、そこにおいて既に「転送嘱託」→「開披・閲覧」という規定順になっていたことに倣ったものと推察されます。もし、民法で「開披・閲覧」→「転送嘱託」の順番で定めると、それが破産法などの解釈に跳ね返って「この開披・閲覧規定は、転送嘱託を受けた破産管財人に限定されるのではないか」との解釈を生んでしまう疑義が出てくるおそれもあるからです。

法律案の立案に際しては、法的安定性の観点から、まずはできるだけ既存の立法例に倣うことが基本姿勢です。ただし、「悪例」に倣うことは避ける、ということも大事なのですが……。さて、この事例が「悪例」に倣ったものになってしまったのかどうか、読者の皆さんはどう思われますか。

③　雑則

「雑則」には、法律全体に関係するけれども、総則に置くほどの重要性がない事項について定めた規定が置かれます。もう少し詳しくいえば、総則に置かれる規定が、実体的規定の前提であり、その法律の基本的な事柄について定めたものであるのに対し、雑則に置かれる規定は、実体的規定を前提に、それらに広く適用される付随的・手続的な事柄について定めた規定である、ということになります。雑則は、罰則規定を除く本則の最後から二番目の章に置かれるのが通例です（「ブービー章」とでも言えるでしょうか）。

消費者契約法では、雑則の章に、「適用除外」に関する規定（四八条）と、「権限の委任」に関する規定（四八条の二）とが置かれています。そのほか、雑則には、行政機関が個人や法人から報告を聴取することができる旨の「報告徴収」に関する規定や、行政機関の職員が個人や法人の事務所等に立ち入って検査することができる旨の「立入検査」に関する規定などが置かれるのが一般的です。

> **消費者契約法**　第四章　雑則
>
> **（適用除外）**
>
> **第四八条**　この法律の規定は、労働契約については、適用しない。
>
> **（権限の委任）**
>
> **第四八条の二**　内閣総理大臣は、前章の規定による権限（政令で定めるものを除く。）を消費者庁長官に委任する。

④　罰則

「罰則」の章は、本則の末尾に置かれるのが通例です。消費者契約法でも、本則の最終章として「第五章　罰則」が置かれ、その中に、刑罰や過料を科する旨定めた様々な罰則規定がまとめて置かれています。

「罰則」の中での規定順に関しては、①法定刑ごとに条を分けて、重い罪から軽い罪へと順に規定するのが一般的です。また、②一つの条（法定刑の同じ罪）の中でその構成要件を定める複数の実体規定を引用するときは、若い（＝条名の数の少ない）条名から引用するのが原則とされています。また、③金銭罰では、刑罰である罰金が先で、行政罰である（秩序罰としての）過料は後になります。さらに、④法人に対する両罰規定を設けるときは、それに関係のある刑罰規定の後ろに設けることとされています（次に掲げる大気汚染防止法の罰則規定を参照）。罰則規定を探すときの参考にしてみてください。

なお、珍しい例として、罰則規定を一箇所にまとめて規定せず、各章の実体規定ごとに、個別に（あるいはある程度まとめて）それに違反した場合の罰則をバラバラに規定している立法例もあります（地方税法など）。実体規定ごとにこれに対応する罰則の有無が分かって検索が容易であることがその利点として挙げられますが、罰則の有無が法律全体を見ないと分からないとも言え、どちらが検索が容易で分かりやすい定め方かは、議論があり得るでしょう。いずれにしても、現在の法制執務では、このような方式は一般的なものではありません。

また、国民に比較的身近な罰則規定という趣旨からでしょうか、道路交通法では、罰則規定自体は一般のルールどおりに本則の末尾にまとめて規定されているのですが、実体規定ごとに、その違反行為に対する罰則が定められている旨の注記（六法編集者が付加したものではなくて、国会が議決した法律本体の注記）が設けられているのも、珍しい立法例と言えるでしょう（次に掲げる道路交通法の条文を参照）。

大気汚染防止法（昭四三法九七）

第六章　罰則

第三三条　第九条、第九条の二、第十四条第一項若しくは第三項、第十七条の八、第十七条の十一、第十八条の八、第十八条の十一、第十八条の三十一又は第十八条の三十四第二項の規定による命令に違反した場合には、当該違反行為をした者は、一年以下の懲役又は百万円以下の罰金に処する。

第三三条の二①　次の各号のいずれかに該当する場合には、当該違反行為をした者は、六月以下の懲役又は五十万円以下の罰金に処する。

一　第十三条第一項又は第十三条の二第一項の規定に違反したとき。

二　第十七条第三項、第十八条の四、第十八条の十八、第十八条の二十一又は第二十三条第二項の規定による命令に違反したとき。

②　（略）

第三四条　次の各号のいずれかに該当する場合には、当該違反行為をした者は、三月以下の懲役又は三十万円以下の罰金に処する。

一〜三　（略）

第三五条　次の各号のいずれかに該当する場合には、当該違反行為をした者は、三十万円以下の罰金に処する。

一～五　（略）

第三六条　法人の代表者又は法人若しくは人の代理人、使用人その他の従業者が、その法人又は人の業務に関し、第三十三条から前条までの違反行為をしたときは、行為者を罰するほか、その法人又は人に対して各本条の罰金刑を科する。

第三七条　第十一条若しくは第十二条第三項（これらの規定を第十七条の十三第二項、第十八条の十三第二項及び第十八条の三十六第二項において準用する場合を含む。）又は第十八条の十七第二項の規定による届出をせず、又は虚偽の届出をした者は、十万円以下の過料に処する。

道路交通法（昭三五法一〇五）

（歩行者用道路を通行する車両の義務）

第九条　車両は、歩行者の通行の安全と円滑を図るため車両の通行が禁止されていることが道路標識等により表示されている道路……を、前条第二項の許可を受け、又はその禁止の対象から除外されていることにより通行するときは、特に歩行者に注意して徐行しなければならない。

（罰則　第百十九条第一項第二号、同条第三項）

第八章　罰則

第一一九条①　次の各号のいずれかに該当する者は、三月以下の懲役又は五万円以下の罰金に処する。

一　（略）

二　第七条……又は第九条（歩行者用道路を通行する車両の義務）の規定に違反した車両等の運転者

三～二十　（略）

②　（略）

③　過失により第一項第二号……の罪を犯した者は、十万円以下の罰金に処する。

column

⑧ 条文数の多い法律・少ない法律

法律には、大法典もあるし、短い法律もあります。さて、条文数が最も多い法律は何法でしょうか。

しかし、法律の条文数を数えるのは、実はさほど容易なことではありません。「本則の末条を見れば一目瞭然ではないか」と思うかもしれませんが、制定時にはともかく、改正を重ねるうちに「枝番号」（【コラム⑬】七二頁参照）が追加されたり、「削除」として実質的な条文数が減らされたりする結果、末条の条名が必ずしもその法律の本則の条文数を表さなくなっていることが、しばしば発生するからです。そこで、執筆者の直観で、条文数の多そうな法律をピックアップし、令和二年四月一日時点の内容でその数を数えてみました（以下は、本則の条文数を数えたもので、附則の条文数は入れていません）。

まず、我が国の社会の基本法たる民法ですが、本則の末条は一〇五〇条となっていますが、枝番号が一五一カ条、削除条が七四カ条ありますので、実際の条文数は一一二七カ条ということになります。次に、近年、制定された大法典の代表、会社法は、本則の末条は九七九条ですが、実際には、枝番号が六二カ条（削除条はなし）ありますので、トータルの条文数は一〇四一カ条となります。最後に、学生の皆さんにはあまりなじみがないと思いますが、毎年のように大規模な改正を重ねている地方税法（昭二五法二二六）は、本則の末条こそ八〇三条でさほどでもないかと思いきや、実際には、枝番号が九〇三カ条（削除条は四一六カ条）もあるので、実際の条文数は一二九〇カ条と民法を凌駕します。しかも、地方税法は、長文からなる条や項が多いので、おそらく文字数でも最大ではないでしょうか。

これに対して、条文数の少ない法律（というか、条のない法律）は、本則が一項のみからなる法律ということになります。その代表的なものとしては、失火責任法（明三二法四〇）、法人役員処罰法（大四法一八）、裁判所職員臨時措置法（昭二六法二九九）などがあります。

3　附則の規定順と構成要素

(1)　附則の規定順

附則とは、本則に付随する規定の総括的名称です。本則を「主」とすれば、附則は「従」という位置付けであり、皆さんが手にされる六法でも、「附則（抄）」として大幅に省略されていたり、「附則（省略）」とあるだけで条文は全く掲載されていないということもあります。

しかしながら、この「附則」には、①その法律が効力を有することとなる期日（施行期日）を定める規定、②本則で定めた新しい制度を円滑に実行するため、暫定的な特例措置を定める規定（経過措置）、また、③その新しい制度が上手く機能しているかどうかについて、一定期間経過後に、検討・見直しをする旨を定める規定（検討条項）、そして、④関連する他の法律との整合性をとるための当該他の法律を改廃する規定などが、概ね、この順番で定められるのが通例で、実務的には大変に重要な規定が定められていることもしばしばあります。

行政不服審査法（平二六法六八）**附則**

（施行期日）

第一条　この法律は、公布の日から起算して二年を超えない範囲内において政令で定める日から施行する。ただし、次条の規定は、公布の日から施行する。

（準備行為）

第二条　第六十九条第一項の規定による審査会の委員の任命に関し必要な行為は、この法律の施行の日前においても、同項の規定の例によりすることができる。

（経過措置）

第三条　行政庁の処分又は不作為についての不服申立てであって、この法律の施行前にされた行政庁の処分又はこの法律の施行前にされた申請に係る行政庁の不作為に係るものについては、なお従前の例による。

第四条①　この法律の施行後最初に任命される審査会の委員の任期は、第六十九条第四項本文の規定にかかわらず、九人のうち、三人は二年、六人は三年とする。

②　前項に規定する各委員の任期は、総務大臣が定める。

（その他の経過措置の政令への委任）

第五条　前二条に定めるもののほか、この法律の施行に関し必要な経過措置は、政令で定める。

（検討）

第六条　政府は、この法律の施行後五年を経過した場合において、この法律の施行の状況について検討を加え、必要があると認めるときは、その結果に基づいて所要の措置を講ずるものとする。

なお、附則では、その条名を本則からの通し条名とすることはせずに、附則だけで新たに「第一条」から条名を起こすこととされています。ただし、「弁護士法」（昭二四法二〇五）や「労働基準法」（昭二二法四九）など、古い法律には本則からの通し条名が用いられているものがあります。例えば、労働基準法の附則は、本則に続けて一二二条から始まっています。

ちなみに、日本国憲法には「附則」はありませんが、最後の章である「第十一章　補則」が実質的には附則に相当するもので、施行期日や経過的措置が定められています。そして、その条名（一〇〇条～一〇三条）は、憲法尊重擁護義務を定める九九条の続きになっています。

(2) 附則の構成要素

それでは、附則に規定される主な構成要素について、以下、順に見ていきましょう。

① 施行期日

法律の附則の一条（附則の規定が短い場合には「条建て」ではなくて「項建て」で規定されるので、その場合は一項）は、例外なく、「施行期日」に関する規定です。これは、その法律が「施行」される日、すなわち、その法律が一般的に効力を有することとなる日を定めた規定です。法律は、公布によって国民に対する周知がなされた後、通常、一定期間を経過した後に施行されます。この一定期間は、十分な周知期間の確保や、執行にあたる行政側の準備の都合といった点を考慮して決定されます（なお、「公布」「施行」「適用」については、第2部⓭一四二頁参照）。

前記の行政不服審査法附則一条では、「公布の日から起算して二年を超えない範囲内において政令で定める日から施行する」と規定されています。公布から施行までの間に概ね二年の期間を設け、その間に国民に周知するとともに、施行に向けた準備を進めることとされているわけです。その周知・準備の状況を見ながら、具体的な施行期日の定めは政令に委任することとされているのです。

ところで、どのような法令でも、施行を予定しない法令はありませんから、「施行期日のない法令」は、原則として「ない」と言えます。ここで「原則として」と申し上げたのは、「例外」があるからです。例えば、前記の行政不服審査法附則一条の委任を受けてその施行期日を定める政令については、その政令それ自体の施行期日に関する規定は置かないこととされています。そのような政令は、その公布の日から施行されると解するのが自然であり、また、わざわざそれ自体の施行期日を問題にする必要がないと解されているからです。

なお、皆さんの中には、「法の適用に関する通則法」には一般的に「法律の施行期日」を定める規定（同法の前身である「法例」〔明三一法一〇〕にも同様の規定あり）があるのだから、少なくとも公布の日から起算して二〇日を経過した日に法律を施行させる場合には、わざわざ施行期日の規定を置かなくてもいいのではないか、といった疑問を持つ方もおられるかもしれません。

法の適用に関する通則法（平一八法七八）

（法律の施行期日）

第二条　法律は、公布の日から起算して二十日を経過した日から施行する。ただし、法律でこれと異なる施行期日を定めたときは、その定めによる。

しかし、実務上は、前記の規定を前提に「施行期日を定めない」とされることは、全くありません。公布の日から起算して二〇日を経過した日に法律を施行させる場合であっても、あくまでも施行期日に関する規定は、その法令の中に置くこととされています（例えば、「無差別大量殺人行為を行った団体の規制に関する法律」〔平一一法一四七〕附則一項参照）。したがって、施行期日を置かない法令は前述したように、他の法令の施行期日を定める法令のみ、ということになるのです。

column

⑨附則が読めれば一人前

附則は本則の付随的事項を定める、いわば「おまけ」の規定だから、施行期日は大事かもしれないけれど、そのほかには重要な規定というのはあまりないんじゃないの、などと思っていませんか。実は逆で、「付随的事項」とは言ってもそれは理論的な整理であって、実務的に重要なのは附則にこそある、ということも少なくありません。

例えば、年金法のような保険料の納付や給付期間が長期にわたるような制度を改正した場合などは、本則では「六五歳受給」の規定を中心に将来的に完成された年金制度の姿が規定されるわけですが、しかし、その完全な適用を受けるのは、これから年金制度に加入してくる人たちがほとんどです。改正前の旧法時代にある程度の保険料を納付してきた人たちの持つ期待権を保護し、改正前の「六〇歳受給」からスムーズに改正後の制度に移行できるようにするために、生年月日ごとに詳細な経過措置が定められることになります。このような意味では、本則の制度を理解するのはそれほど難しくありませんが、この附則の経過的な制度を理解することは、易しいことではありません。

このような事情があるため、立案実務家の間では、「附則が読めるようになれば、一人前」などと言われたりもするのです。

② 経過措置

経過措置とは、既存の法秩序から新たな法秩序への移行を円滑にするための「つなぎ」の措置について定めた規定をいいます。

例えば、前記の行政不服審査法附則四条では、最初に任命される行政不服審査会の委員九人のうち三人については、その任期を二年（本来の任期は三年）とする特例が定められています。これは、施行後最初に任命される委員の任期が同時に満了することを避けるために、わざと一部の委員の任期を短くしてその任期が満了する日をずらしているのです。特例の対象を「三人」としているのも、行政不服審査会には委員三人から成る合議体＝部会（同法七二条一項）を三つ設けることが予定されていましたので、いずれの部会においても、全員が同時に交替することを避けて継続性を確保するために、各部会一人ずつが特例任期となるようにするための措置と説明されています。まさしく、審査会の運営に支障が生じないよう、当初だけ認められる「つなぎ」の措置というわけです。

もう少しかみ砕いて言えば、経過措置とは、新たに法律が制定されたり、既存の法律が改正されたりすることによって、往々にして、従来の法秩序を前提として形成されてきた社会生活が変革を余儀なくされることが起きるわけですが、この変革によって大きな混乱がもたらされることのないように、激変緩和のために定められた措置ということができます。人の営みを「歩み」にたとえるならば、法律の制定・改正はその進む道に現れる「段差」とも言えるわけで、その段差が大きいときに上りやすくするように設けられた「スロープ」のようなものが経過措置、と言うことができるでしょう。

そのような措置の具体例として、もう一つ、臓器の移植に関する法律の附則に置かれた経過措置についても見てみましょう。

臓器の移植に関する法律（平九法一〇四）**附則**

（角膜及び腎《じん》臓の移植に関する法律の廃止）

第三条　角膜及び腎《じん》臓の移植に関する法律（昭和五十四年法律第六十三号）は、廃止する。

第四条　削除

（経過措置）

第五条～第八条　（略）

第九条　この法律の施行の際現に旧法第八条の規定により業として行う眼球又は腎《じん》臓の提供のあっせんの許可を受

けている者は、第十二条第一項の規定により当該臓器について業として行う臓器のあっせんの許可を受けた者とみなす。

第一〇条　この法律の施行前にした行為に対する罰則の適用については、なお従前の例による。

臓器の移植に関する法律（新法）は、角膜及び腎臓の移植に関する法律（旧法）を廃止した上で、従来の角膜・腎臓の移植を含む、包括的な臓器移植に関する法律として制定されました。旧法上、眼球・腎臓のあっせん業を行うには厚生大臣の許可が必要とされていましたが、新法附則九条の経過措置により、この旧法上の許可を受けている者は新法上の許可を受けた者とみなされ、引き続き、眼球・腎臓のあっせん業を行うことができるものとされています（「みなす」については、第2部⓫一三五頁参照）。本則だけみると改めて新法上の許可が必要とされるはずのところ、この経過措置規定によって新法上の許可が不要とされたわけです。既存の地位に配慮して、しっかりと「スロープ」が造られたと言うことができます。

なお、新法附則一〇条では、旧法下の行為についての罰則に関する経過措置が定められています。これがないと、どうなるでしょうか。旧法の罰則規定は廃止されたわけですから、刑事訴訟法三三七条二号の規定により、「犯罪後の法令により刑が廃止されたとき」に当たり免訴の言渡しをしなければならなくなります。また、刑法六条の「犯罪後の法律によって刑の変更があったときは、その軽いものによる」との規定も問題となり得ます（刑法の「廃止」は、刑が「零に変更」されたという意味で、刑法六条の極限的な場合と言えるからです）。したがって、旧法時代の犯罪について旧法下で裁判を受けた者と旧法廃止時点でまだ裁判を受けていない者との権衡や、当該犯罪行為の反社会性を依然として追及する必要性の有無を考慮して、依然として旧法によって処罰すべきだと判断したときには、このような経過措置を規定する必要があるのです（「なお従前の例による」については、第2部⓱一六二頁参照）。

column

⑩「当分の間」っていつまで？

附則の経過措置規定では、しばしば、次の例のような「当分の間」という文言を見かけます。

学校教育法（昭二二法二六）**附則**
第六条　私立の幼稚園は、第二条第一項の規定〔注：学校を設置できるのは、国、地方公共団体及び学校法人のみであることを定める〕にかかわらず、当分の間、学校法人によつて設置されることを要しない。

幼稚園の中には宗教法人が設置するものがありますが、それは、この規定に基づいているのです。

では、「当分の間」とは、いつまでなのでしょうか。実は、法律上、「当分の間」に終期はありません。というのは、この「当分の間」という文言が用いられるのは、その措置が臨時的なものであって、将来、廃止・変更されることが予定されているものの、その廃止・変更の時点を見通すことができない場合だからです。

したがって、日常用語としての「当分の間」は、「しばらく」「近い将来まで」といった限定的な期間を意味するものですが、法律で用いられている「当分の間」の中には、相当長期間、存続したものもあります。例えば、前記の学校教育法の規定（正確には、その元になった規定）は、昭和二二年の同法の制定時からありましたので、既に七〇年以上もの間「当分の間」が続いているわけです。あくまでも例外的・臨時的な措置であるという位置付けは維持しつつも、現実の要請からなかなか廃止することはできなかったということでしょう。

③　検討条項

検討条項とは、法律の施行の状況等を踏まえて、一定の期間を経過するまでにその法律の規定等について検討を加え、必要な措置を講ずるよう定めた規定を言います。五六頁に掲げた行政不服審査法附則六条は、法施行後五年という時期を示し、政府に対して検討を義務付けています。この規定の中で「見直し」という表現が用いられている場合には、「見直し条項」と呼ばれたりもします。

法律の制定により必ずしも全ての課題が解決するわけではありません。法制定時の議論においてなお懸念される事項が残っている場合などに、差しあたり、この法律はこのまま制定・施行するが、その懸念事項については引き続き検討すべきことを、現在の立法者（国会）が将来の立法者（国会）や政府に義務付けようとするのが、この検討条項だということができます。

ただし、立法過程の実際においては、与野党の妥協の産物として、この条項が修正で追加されることもしばしばあります。そういう意味では、実に政治的な規定でもあります。

④　他法の改廃に関する規定

また、附則には、本則における法律の制定・改正に伴って関係する既存の他の法律を改廃する規定も置かれます。例えば、ある法律を改正して特定の条項を移動した場合には、その条項を引用している他の法律を改正する規定が置かれることになります。

この「他法の改廃に関する規定」は、既存の他の法律との矛盾抵触関係を事前に整理し、法律相互間の「水平的な法的整合性」を確保するための立法手法の一つです。我が国では、このような立法手法をとることによって、他国のように「後法は前法を破る」「特別法は一般法に優先する」といった法格言に頼ることなく容易に法律相互間の関係を理解できるようにして、国民の予測可能性や法的安定性を保障しているのです。

ところで、前記の行政不服審査法附則には他法の改廃に関する規定が見当たりませんが、この行政不服審査法の全部改正の際に、これに関連して整理すべき既存の他の法律が一つもなかったのでしょうか。実は、その逆なのです。行政不服審査法は不服審査の一般法であり、その改正（しかも、このときは全部改正）の影響は行政関係法規に広く及ぶものです。このときに整理すべき関係法律の数は何と三〇〇件以上にも及んだため、改正法の附則ではなくて、別途、「行政不服審査法の施行に伴う関係法律の整備等に関する法律」（平二六法六九）という法律を作って、必要な他法改正が行われたのです。

column

⑪ 一番古い法律、最古の法令

九頁の【コラム①】では、我が国で「法律」という法形式で最初に制定されたのは、「公文式《こうぶんしき》」で国の法令体系が整序された一八八六（明治一九）年に法律第一号として公布された「登記法」であったことを述べました。しかし、この登記法はその後廃止されており、現存する一番古い法律ではありません。

現在効力を有する法律として最も古いのは、「決闘罪に関する件」（明二二法三四）とされています。ちなみに、この「決闘罪に関する件」というのは「件名」（三〇頁の【コラム④】参照）です。

日本国憲法施行前の法令であっても、現行法令として効力を有することとされているのは、憲法九八条一項の反対解釈によって「日本国憲法の規定に反しないものは、日本国憲法施行前の法令であっても、その効力が認められる」と解されているからです。すなわち、憲法九八条一項は、「経過措置規定」の意味をも持つものと解されているのです。そして、同様の規定は明治憲法（大日本帝国憲法）にもあって、その七六条一項で「法律規則命令又ハ何等ノ名称ヲ用ヰタルニ拘ラス此ノ憲法ニ矛盾セサル現行ノ法令ハ総テ遵由ノ効力ヲ有ス」とされており、同憲法施行前の法令でも、同憲法に矛盾しないものである限り、その効力を有することが認められています。

このように、二つの経過措置規定をいわば「乗り継ぐ」形で、「決闘罪に関する件」のような同憲法施行前の法律でも現行法令として効力を有することとされているのです。

以上は、「法律」という法形式で制定されたものを念頭に置いて調べたのですが、さらに古く、明治一九年の「公文式」制定前の法令でも、明治憲法・日本国憲法に違反しない限り、今でも有効となる余地はあります。そこで、法律以外の法形式を含めて、現在効力を有する「最古の法令」は何か、という興味が湧いてきます。

実は、これについては、長らく、明治五年の「改暦ノ布告」（明五太政官布告三三七＝太陰暦から太陽暦へと転換した布告）とする説と「商船規則」（明三太政官布告五七＝日本の商船に掲揚すべき国旗の制式（国旗の縦横の比率や日章の大きさ等）を定めたもの）とする説がありました。しかし、「国旗及び国歌に関する法律」（平一一法一二七）によって、商船規則が正式に廃止された（ということは、それまではこれが「最古の法令」だったことが認められた！）ため、現在では、間違いなく「改暦ノ布告」が最古の法令ということになるようです。

第2章　条の構造——メゾ法制執務

1　条の一般的構造

本章では、法律を構成する個々の条文について、その構造（構成）を見ていきます。

法律は、基本的に「条」を単位として構成されています。要するに、条は法規範の基本的単位であり、一つの条の中では一つのまとまりのある法規範が設定される、というのが法制執務の基本的な考え方です。一つの法規範は一つの文で記述するのが原則です。しかし、その一つのまとまりのある法規範を設定するためにいくつかの文が必要となる場合もあります。そのような場合は、複数の文を記述することになるのですが、その際、原則として、一つの文は一つの段落＝「項」を構成することになります。

また、一つの文を「項」として記述する際、できるだけ分かりやすい法文とするために、箇条書きにした方がよい場合もあります。このような場合には、その箇条書き部分を「号」という形式で記述することもあります。また、原則一つの段落＝一つの文である「項」が、例外的に二つの文（三つ以上の文になることも稀にありますが）で構成される場合もあります。

例えば、次頁の**図表4**をご覧下さい。この条では、「見出し」にあるように「被収容者の保護室への収容」に関する事項を定めています。このことを、六つの段落の文章＝「項」で定めているわけです。それぞれの項には、その要件を箇条書きにした「号」が設けられたり、更にはその「号の細分」である「イ・ロ・ハ」のような記述まで見られます（一項）。また、二項と三項（ここでは、項番号は「②」「③」ではなく、法律正文どおり「2」「3」としています）は、それぞれ二つの文から構成されていますが、二項の後ろの文は「この場合には」で始まる文となっていますし、三項の場合は「ただし」で始まる文となっています。

2　条の構成要素

図表4の例を念頭に、ここでは、「条」を構成する各

図表4　条の一般的構造

刑事収容施設及び被収容者等の処遇に関する法律（平一七法五〇）

見出し→（保護室への収容）

条名→第七九条　刑務官は、被収容者が次の各号のいずれかに該当する場合には、刑事施設の長の命令により、その者を保護室に収容することができる。**←各号列記以外の部分（いわゆる「柱書」）**

号名→一　自身を傷つけるおそれがあるとき。

二　次のイからハまでのいずれかに該当する場合において、刑事施設の規律及び秩序を維持するため特に必要があるとき。

号の細分→イ　刑務官の制止に従わず、大声又は騒音を発するとき。

ロ・ハ（略）

項番号→2　前項に規定する場合において、刑事施設の**前段→**長の命令を待ついとまがないときは、刑務官は、その命令を待たないで、その被収容者を保護室に収容することができる。この場合には、**後段→**速やかに、その旨を刑事施設の長に報告しなければならない。

3　保護室への収容の期間は、七十二時間以内**本文→**とする。ただし、特に継続の必要がある場合**ただし書→**には、刑事施設の長は、四十八時間ごとにこれを更新することができる。

4〜6（略）

要素について、順次、説明していきます。

①　見出し

見出しは、条文の右肩に「（〇〇〇）」と丸括弧書きで付けることとされています。条文の内容を簡潔に表現したものであり、条文の内容の理解と、規定の検索の便宜の観点から付されているものです。

関係する規定が一体どこにあるのか、探し出すだけでも大変だ、ということもあるかと思います。そういったときは、この「見出し」、さらには「目次」を活用してみてください。(1)まずは「目次」で、探している条文がどの章や節に含まれていそうか見当をつける、(2)その後、その章や節に含まれる各条の「見出し」を拾い読みして探していく、これだけでも相当に早く見つけられると思います。

見出しは、通常、一条ごとに付けられます。しかし、二以上の条文のグループにまとめて一つの見出しが付けられることもあり、この見出しは「共通見出し」と呼ばれます（六〇頁の「臓器の移植に関する法律」附則五条の前の見出し参照）。

column

⑫偽の見出し、変わった見出し

条文に見出しが付けられるようになったのは、戦後のことです。もっとも、最初から統一的なルールが確立されたわけではなく、昭和二〇年代前半に制定された法律を見てみると、見出しの有無・場所について、バラつきがあるようです。

まず、戦前に制定された法律はもちろん、戦後直後に制定された法律でも、見出しのないものがあります。（法律ではありませんが）日本国憲法も、この時期に制定された法令であり、見出しは付されていません。そこで、市販の法令集に登載する際に、法令集の編集者が参考のために見出しを付けることも少なくありません。もっとも、見出しも法令の一部ですから勝手に追加するわけにはいきません。そこで、法令集では、法令の一部としての「正式な見出し」ではなく、編集者が付した「参考のための見出し」であることが分かるように、本来の見出しとは別の括弧（有斐閣の『六法全書』では【　】）を用いることが一般的です。また、その付けられる位置も、条文の右肩に限らず、条名の直下に置かれることもあります。なお、出版社・編集者が独自の判断で付すわけですから、同じ法律の同じ条でも、登載している法令集の出版社が異なれば、別の見出しが付けられていることもあります。

また、「正式な見出し」が付されるようになってからでも、その付けられる位置が現在の位置とは異なるものも見られます。当初は、次の例のように、条名の直下に置くものもありました。

裁判所法（昭二二法五九）

第一条（この法律の趣旨）　日本国憲法に定める最高裁判所及び下級裁判所については、この法律の定めるところによる。

もっとも、この方式は定着しませんでした。条名の下にあると、規定の検索の便宜の観点では不便ですし、また、大きな難点として、「共通見出し」を付けることができないということがあったのではないかと推測されます。

② 条、項、号、号の細分

前述したように「条」は、法律の基礎的な単位であり、条の冒頭には「第一条」・「第二条」といったように順番に漢数字が付されます。これを「条名」と言います。

この「条」は、原則として一つの文で成っていますが、一つのまとまりのある法規範の内容を複数の文で定めたいときには、段落を改めて規定します。これを「項」と言います。「条」を物事の性質を表す「分子」だとすれば、「項」はそれを構成する「原子」であり、法規範の最小単位と言えるものです。

「項」の冒頭には「2」・「3」と算用数字で「項番号」が付されます。これで「第○条第二項」「第○条第三項」となります。なお、この場合でも、一項には「1」の項番号を付すことはしません。そもそも「項」は文章の段落のことであって、二項以下に項番号を付するのは検索や引用の便を図るためであり、条名の下から書き出される段落が一項であることは、自明だからです（ただし、本書では、有斐閣の『六法全書』等に倣って、読みやすさの観点から、二つ以上の項を持つ条文の一項の冒頭には①の記号を付しています）。また、二項以下がないときは、それは「第○条」であって「第○条第一項」ではないことにも注意してください。

「号」は、条や項の中で複数の事項を箇条書き的に列記するために用いられ、号の冒頭には「一」・「二」と漢数字で号名が付されます。条名の場合と違って、「第一号」と書かれているのではなくて、単に「一」としか書いてなくても、これを指し示すときには「第一号」として引用します。

なお、「項」が（1・）2・3といった算用数字で表され、それよりも小さい「号」が一・二・三と漢数字で表されるのは、一般的感覚からすると、逆と思われるかもしれませんので、ご注意ください。

この号の中を細分化するときは、イ・ロ・ハ等が用いられます。また、滅多にありませんが、これを更に細分化するときは、(1)・(2)・(3)等を用いることとされています。

column

⑬ 枝番号について

条や号の間に、後から新しい条や号を追加しようとするときは、追加する場所以降の条や号をずらす必要が出てきます。例えば、一条と二条の間に新しい条（新二条）を追加しようとすれば、旧二条は新三条に、旧三条は新四条に、とそれぞれ移動させる必要が出てきます。

そこで、このような煩瑣な条文移動を避けるために、新しく追加する条名を「第一条の二」とすることができます。これを「枝番号」とか「枝条文」と言います。極めて便利な方法です。なお、この「第一条の二」は、一条とは全く別の独立した条文であって、「第一条第二項」とは違います。また「第一条第二項」について、二項にある「2」の項番号に引っ張られて「第一条の2」など記述する方が時々おられますが、間違いです（この点は、三頁でも指摘したことですね）。

この「枝番号」は号にも使うことができて、「一」（＝前述したように、これを引用するときには「第一号」）と「二」（＝同じく「第二号」）の間に追加するときは「一の二」と書いて、「第一号の二」と呼びます。

ところで、この「枝番号」は「項」には使われません。というのは、あくまでも「項」は段落なのであって、段落には「枝の段落」という発想は考えにくいからです。比喩的に言えば、条や号は「基数」（一、二、三…）、項は「序数」（第一、第二、第三…）に例えることができるでしょうか。

③　柱書と号

なお、「号」や「号の細分」はそれ単独では、規範性を持った「規定」ではありません。あくまでも項を構成する「号以外の部分」（＝これは俗に「柱書《はしらがき》」と呼ばれるものですが、正確には「各号列記以外の部分」と言います）が規範性を持った文章なのであって、その規範を構成する個別の要素を記述しているに過ぎない、という理解です。あくまでも「……すべし」といった規範的命題を記述しているのは、「項」の「柱書」の部分だ、ということです。

以上の②条、項、号、号の細分と③柱書と号を踏まえて、先ほどの「条」は分子、「項」は原子といった比喩を敷衍すれば、「号」や「号の細分」は原子を構成する陽子や中性子に当たると言えるでしょうか。

④　前段・後段／本文・ただし書

一つの条（項が設けられる場合は、項）は、原則として、一つの文で記述されると説明しましたが、例外的に、複数の文章で構成される場合があります。**図表4**の二項と三項がその例です。

この二項のように、二つの文で構成される場合は、前の文を「前段」、後ろの文を「後段」と呼びます。なお、極めて稀ですが、三つの文で構成される場合は、「前段」「中段」「後段」と、四つの文で構成される場合は、「第一段」「第二段」「第三段」「第四段」と呼ぶことになります。

この呼び名の例外として、**図表4**の三項のように、後段が「ただし」で始まる例外を規定する場合には、この後段のことを特に「ただし書」と呼びます。そして、後段が「ただし書」である場合の前段は、特に「本文」と呼ぶこととされています（なお、第2部㉒一八四頁参照）。

第3章　用字・用語その他の表記——ミクロ法制執務

本章では、個々の条文の表現振りに関する一連のルールについて、説明します。大きく、法文で用いられる「用字」に関する事項と、日常用語とは違った厳密な意味づけがなされている「法令用語」のルールに分けられます。また、これに関連して、句読点の用い方を含めた法令文の表現方法（いわば「文の構成」）に着目した法文読解の留意点についても、取り上げたいと思います。

1　用字（平仮名書き・口語体／常用漢字の原則）

まず、法律をはじめとする法令文の表記に関しては、「平仮名書き・口語体」で書くこととされています。また、法令文において使用する「漢字」やその「送り仮名」については、衆参の議院法制局の立案に係るものも含めて「法令における漢字使用等について」（平成二二年一一月三〇日内閣法制局長官決定）に基づき、①用いることができる漢字は常用漢字表に掲載された漢字に限定され、②その送り仮名の付け方は、活用のあるものは活用語尾を送ること等を原則とする「送り仮名の付け方」（昭和四八年内閣告示第二号）によることとされています。

(1)　漢字使用

法令では、前記のように、常用漢字表に掲載された漢字のみを使用することが原則とされています。例えば、「覚醒剤」は、従前は「醒」の字が常用漢字表に掲載されておらず、「覚せい剤」と表記されていました。その後、平成二二年の常用漢字表の改定で「醒」の字が追加され、「覚醒剤」と表記できるようになったため、「覚せい剤取締法」が「覚醒剤取締法」にわざわざ改正されたことをご存知の方もいらっしゃると思います。このように、常用漢字表掲載の漢字だけを使って表現するのは、義務教育を終えた者であれば全て読むことができる平易な表現とすべき、との理念の現れと言うことができます（あくまでも「理念」ですが……）。

しかし、原則には例外があります。学術用語や専門用語などで、どうしてもその漢字を使いたい場合（他に言い換える適当な言葉がなく、しかも仮名で表記すると理解が困難であるような場合）には、その漢字をそのまま用いてこれに振り仮名（ルビ）を付けることとされています。

例えば、強姦《かん》や瑕疵《かし》、涵《かん》養、砒《ひ》素といった用語です（ただし、刑法一七七条の「強姦」の罪は、現在は「強制性交等」の罪に改正されています。しかし、同法一八二条の淫行勧誘罪では、現在でも「姦《かん》淫」がルビ付きで用いられています）。

(2) 送り仮名

また、送り仮名についても、法令では他の公用文以上に「簡潔性」の要請が働く関係で、読み間違えるおそれのない場合にはできるだけ送り仮名を省略することとされています。皆さんが民法等でよく見る表記として、次のような用語があります。どうですか。一文字でも減らそうという姿勢が明確に現れていることが理解できます。

（例）取り消す→取消し→取消処分
　　立ち入る→立入り→立入検査

column

⑭ 片仮名書き・文語体等の生き残り

もっとも、現在でも、片仮名書き・文語体の法令や、旧仮名遣い・口語体の法令が残っています。前者の例としては、年齢計算ニ関スル法律（明三五法五〇）、未成年者飲酒禁止法※（大一一法二〇）、手形法（昭七法二〇）、小切手法（昭八法五七）などがあります。これらの法律を改正する際には、いわゆる「地の文章」に合わせて統一性を持った文章とするため、現在でも片仮名書き・文語体で改正するのが原則です。したがって、皆さんも、一部ですが、片仮名書き・文語体の法令を読まなくてはならないのです。

※　なお、この法律の題名は、成年年齢を一八歳とする民法の一部を改正する法律（平三〇法五九）により、令和四年四月一日に「二十歳未満ノ者ノ飲酒ノ禁止ニ関スル法律」に改正されました。

他方、旧仮名遣い・口語体の法令としては、労働関係調整法（昭二一法二五）などがあり、その中では「……いふ」とか「……やうに」「……ゐる」といった表記が見られますが、これを改正する場合には「……いう」「……ように」「……いる」と現在の表記に直すこととされています。その結果、同じ法令の中で仮名遣いの違いが生じることはやむを得ないものとされています。前記の「地の文章」に合わせて周りとの統一性をとるルールを「郷に入りては郷に従え」ルールと呼ぶとすれば、この、周りはどう書いていても新たに書き下ろす部分は新しい表記に直して整合性を意識しないルールは「唯我独尊」ルールと呼ぶことができるかもしれません。

ところで、日本国憲法自体が、現在から見ると旧仮名遣いの法令になってしまいましたが、実は、日本国憲法の表記こそが、明治以来の我が国の法令文表記の伝統であった「片仮名書き・文語体」を「平仮名書き・口語体」に大転換させた法制執務上の「革命」的な出来事だったのです。日本国憲法の立案に携わった入江俊郎（当時の内閣の法制局長官で、その後、創立されたばかりの初代の衆議院法制局長を経て、最高裁判事となった法制官僚）は、当時を振り返り、「明治の初年から、若干の例外はあったが、法文といえば文語体、片仮名と相場の決まったものを、国民に親しみやすいものに変革する以上は、口語体、平仮名とすることが、改革としては効果的であ〔った〕」（入江俊郎「憲法草案余録（三）」法曹五六号〔一九五五年〕）と記しています。

日本国憲法の制定以降、法令は、平仮名書き・口語体で表記されるようになり、また、それ以前に制定された片仮名書き・文語体の法律についても、順次、「現代語化」の見直しが進められ、現在では、民法や刑法を含めていわゆる「六法」は、全て平仮名書き・口語体で表記されています。日本国憲法の表記に込めた入江の理想が、七〇年の時を経て、ようやく実現されたということができましょう。

2 法令用語

(1) 法令用語の意義

法律の中で用いられる言葉に関しては、それが日常用語のみならず、法律に特殊な、専門的な用語を含むことがあります。これが「法令用語」と呼ばれるものです。「はしがき」でも言及しましたが、これは法令文における「単語」のようなものであり、一定の単語力がなければ、条文を正しく読み解くことができません。

そのような基本的かつ重要な法令用語については第2部で説明しますので、ここでは、その分類の視点について述べておきます。

(2) 法令用語の分類

まず、法令用語は、日常用語との対比の観点から、次の二種に分けられます。

A 日常用語と同じ表記ではあるが、法令上特殊な意味に用いられたり、関連する他の用語との関係で特殊な用法で使い分けられる用語

B そもそも日常ではあまり用いられることのない、法令上特殊な、専門的な表記をする用語

例えば、「その他」「その他の」とか「及び」「並びに」は前者（A）のグループの代表格です。これらは日常でもよく使う言葉ですが、法令で用いられる場合は、ある特殊な意味を有し、関連する他の用語との使い分けが厳格に決められています。他方、「適用」「準用」「例による」とか「なお効力を有する」「なお従前の例による」などいかにもお堅いイメージの用語は後者（B）のグループに属する代表例と言えます。いずれの用語も法令上固有の意味を有しており、「条文の読み方」を会得するには、まず、この法令用語の正確な意味を理解しなければなりません。

このような法令用語の正確な意味を理解する上で、一つの助けになるものがあるとすれば、なぜそのような法令用語が必要とされるのか、すなわちその法令用語を用いる目的を考えてみることです。試みとして、本書では、どのような目的でその言葉が用いられているのかという見地から、法令用語を分類して、それぞれに解説を加えてあります。詳細は、第2部をご覧ください。

3 文の構成

(1) 基本構文を読む——法文読解の基本

法律の文章も、日本語の文法にのっとって書かれており、これを読むに際しては、①主語と述語を明らかにすること、②修飾語と被修飾語の関係を意識することが重要です。小説などの文学的文章とは異なって、書かれていないこと、省略されていることを行間から読み解いていくことによって、初めて文章の意味が理解できるなどということは、ありません。全て、書かれていることを理解すればいい、というのが原則です。

まず、法律では正確に書くために、その言葉を定義したり、意味を限定・拡大したりするために、頻繁に括弧書きが用いられることがあります。二重括弧どころか三重括弧まで用いられると、どの括弧とどの括弧が対応しているのか、印を付けないと分からなくなってしまうほどです。そういう場合には、括弧書きを外して基本構文だけを読む、ということが大切になってきます。

この「基本構文を読む」という姿勢は、括弧書きの場合だけに限らず、長い条件節や修飾語がある場合においても重要で、法文読解の基本と言っても過言ではありません。

(2) 読点のルール

括弧書きを外して基本構文を読む際には、何が主語で、この表現はどの言葉にかかっていく（修飾語として要件を限定している）のかを把握していくことになります。その際に特に重要な意味を持つのは、「読点」です。読点一つで、大きく意味が変わることも少なくありません。法文における読点の付け方に関する基本的な考え方は、次のようなものです。

まず、原則として読点を付けることとされる第一のグループは、①主語の後（「国は、」）、②「……場合において、」「……ときは、」などの条件節の後、③ただし書や後段であることを示す「ただし、」や「この場合において、」の後には、読点を付けるというルールです。

次に、原則として読点を付ける第二のグループは、④「及び」や「又は」で名詞を三つ以上つなぐ場合に、これらの接続語で結ばれる最後の二つの名詞以外の並列されている名詞の間は読点で結ぶ（例：「A、B、C及びD」のAとBの次の読点）、⑤これらの接続語で結ばれるのが動詞・形容詞・副詞である場合には、結びつけられる用語が二つの場合であっても読点を付ける（例：「輸出し、又は輸入する」の「又は」の前の読点）といった列挙の際の読点ルールです。

他方、以上の二つの原則ルールに対して、例外的に読点を付けない例外ルールもある程度確立されています。まず、第一の原則ルール①②の例外として、⑥対句表現（いわゆる重文の場合）においては、対句の接続部分にのみ読点を付け、対句内部においては主語の後などであっても読点を付けない、⑦条件節の内部（いわゆる複文における従属節の内部）においても、同様に読点を付けない、といった例外ルールがあります。

また、第二の原則ルール⑤の例外として、⑧短い動詞・形容詞・副詞を並列する場合で、読点を付けない方が文章の理解を容易にすると認められるときや、「及び」や「又は」で結ばれている表現を含めた全体を一つの条件節として一気に読んでもらいたいときなどには、読点を付けないこととされています。

要するに、上記③のルール以外は、それぞれの文章の長短や誤解の生ずるおそれの有無や大小などによって、例外的取扱いが幅広く認められている、ということです。いずれにしても、読点は、法文を誤解が生ずることなく読みやすくするために付されているものですから、条文を読むに当たっては、読点に気を付けながら誤読のないよう法文を読んでいく姿勢が大事であることだけは、確かです。

(3) 具体例

それでは、以上の点について、公文書等の管理に関する法律五条五項を例に、具体的に説明しましょう。

公文書等の管理に関する法律（平二一法六六）

（整理）

第五条①～④（略）

⑤ 行政機関の長は、行政文書ファイル及び単独で管理している行政文書（以下「行政文書ファイル等」という。）について、保存期間（延長された場合にあっては、延長後の保存期間。以下同じ。）の満了前のできる限り早い時期に、保存期間が満了したときの措置として、歴史公文書等に該当するものにあっては政令で定めるところにより国立公文書館等への移管の措置を、それ以外のものにあっては廃棄の措置をとるべきことを定めなければならない。

まず、括弧書き（傍線部分）を外してみましょう。すると、条文の構造が少しすっきりとします。続いて、条文の主語と述語を確定して、その基本構文に着目してみましょう。この例では、「行政機関の長」が、一定の措置をとるべきことを「定めなければならない」という条文の骨格が見えてきます。主語の後には、前述したルール①によって、読点が打たれています。

では、その「定めなければならない」措置の対象や時期に関して、「行政文書ファイル等……について、」「保存期間の……早い時期に、」「……措置として、」といった形でその条件が三つ定められており、それぞれの末尾に読点が打たれているとともに、その内部には読点は打たれていません。これは、前述したルール②及び⑦に従っていると言えます。その上で、どのような措置を定めなければいけないかということになりますが、これについては、「歴史公文書等に該当するものにあっては……国立公文書館等への移管の措置」を、また「それ以外のものにあっては廃棄の措置」をとるべきことを定めなければならないとされています。そして、この二つは対句表現となっています。したがって、前記のルール⑥によって、対句の接続部分にのみ読点を打ち、対句内部には読点を打たないことになります。したがって、それぞれ「あっては」といった条件句の次には読点が打たれていないのです。このようにして、どこからどこまでが一つの条件で、それと何が並置されているのかなどが分かりやすくなっているのです。

また、蛇足かもしれませんが、「できる限り」の位置にも注意してください。ここでは、「保存期間の満了前のできる限り早い時期」であって、「できる限り保存期間の満了前の早い時期」ではありません。「できる限り」という修飾語を被修飾語である「早い」の直前において、その修飾・被修飾語の関係を明確にしているのです。

結局、この条文は、「【主語】行政機関の長は、【条件①】行政文書ファイル等について、【条件②】保存期間満了前の、しかもそのうちのできる限り早い時期に、【条件③】保存期間満了時の措置として、【目的語】(a)歴史公文書等にあっては国立公文書館等への移管の措置を、(b)それ以外のものにあっては廃棄の措置をとるべきことを、【述語】定めなければならない」ことを定めた規定ということになります。

第4章　配字――レイアウトのルール

1　配字とは

法律を何気なく読んでいると全く気付かないでしょうが、法律には「配字」、つまり、題名は冒頭何字空けて書き始めるか、個々の条や項は何字目から書き始めるか、一文が長くなって二行以上にわたることとなった場合にその二行目以降は何字目から書くかなど、まるで夏休みの読書感想文の「原稿用紙の使い方」のようなルールが、確立された立法慣行として存在しています。これによって、形式的な観点からも、題名、目次、章名、条・項・号などが綺麗に並んだ構造物のようになっているのです。

ここでは、そのうちの基礎的な内容を紹介しておきましょう。

2　配字の基本ルール

まず、題名は、三字空けて四字目から書き始めることとされています。原稿用紙で作文を書くときの題名の位置と同じですね。長い題名で二行以上にわたる場合は、二行目以降も、一行目と揃えて四字目から書きます。

次に、目次においては、「目次」という文字は一字目から書き始めます。それに続く章名は一字下げて二字目から書きます。以下、章を細分した節・款・目は、一つ上の分類からそれぞれ一字下げて書き始めます。分類の大きさごとに階段状に下がっていくわけです。この小さい区分の書き出しは大きい区分よりも一字ずつ「階段状に下がっていく」というルールは、他の部分でも同じように働いていく基本的なルールになっています。

本則では、章名は、題名と同じように四字目から書き始めます。章を細分した際の、節名・款名・目名の書き出しは、前記の目次の場合と同様に、それぞれ更に一字ずつ下がり、節名は五字目から、款名は六字目から、目名は七字目から、となります。また、「第一章　総則」というように、「第一章」と「総則」の間は一字空ける

図表5　配字の基本ルール

題名は4字目→□□□●●●●法

目次は1字目→目次

目次の章名等は2字目→
□第一章□総則（第一条―第A条）　↘1字空け
□第二章□……（第B条―第C条）
□第三章□……（第D条―第E条）
□附則

章名は4字目→□□□第一章□総則　↘1字空け

見出しは2字目→□（目的）

条名は1字目→第一条□この法律は、…を目的とする。　↘1字空け

□（定義）

第二条□この法律において「…」とは、

2行目は2字目→□…をいう。

項番号は1字目→2□この法律において「…」とは、…を

□いう。　↘1字空け

附則は4字目→□□□附□則

□（施行期日）

第一条□この法律は、公布の日から施行

□する。

（以下略）

ことになっています。

見出しは、これを囲む丸括弧の上の括弧を二字目から書き始めます。

条名や項番号は、一字目から書き出し、条名・項番号とそれに続く法文との間は一字空けます。その法文が二行以上にわたる場合は、二行目以降は一字空けて二字目から書きます。これによって、一つの条では、条名冒頭の「第」や項番号の「2」「3」といった字だけが一字目にあり、法文はそれよりも一字下がって、どれが一つのまとまりをもった規範なのか、一目瞭然となっているわけです。

そして、「号名」を表す「一」「二」「三」の漢数字は、項番号よりも一字下げて二字目から、「号の細分」の「イ」「ロ」「ハ」は、号名よりも更に一字下げて三字目から書きます。

「附則」の表示も、題名や章名と同じように四字目から書き始めるのですが、「附　則」のように「附」と「則」の間には一字空けることになっています。「附則」と続けて書くと目立たないので、読み飛ばされることを心配し、「ここからが附則です！」と主張しているのでしょうか。

3　旧法令の配字――項の配字に関する三つのタイプ

なお、以上のような配字ルールが確立したのは、昭和二〇年代のことです。それ以前に制定された法律の中には、現在有効なものも含めて、このルールに従っていないものもあります。例えば、単に書き出しが一字下がって三字目から書き出している段落が並んでいるだけの項もあるのです（下記の(b)参照）。項の数が多い条文だと、それが第何項なのか前から数えないと分からなくなってしまうほどです。

そこで、六法では、そのような場合のことを考えて、本来の法律原文にはない項番号を便宜のために編集者が付けてくれています。なお、そのような場合は、元々ある項番号「2」「3」といった正式の項番号と区別するために「②」「③」といったように丸数字で表示するのが一般的でした。ただし、現在の六法は「2」「3」と「②」「③」の区別が煩瑣だとして、いずれも「②」「③」に統一して記載しているものも少なくありません。有斐閣の『六法全書』でもそのような編集方針が採られていますし、本書でもそれに準拠しています。

ところで、更に古い法律では、項（段落）の書き始めを一字下げずに、二字目から書き出しているものもあります（左記の(c)参照）。

これを含めると、現在有効な法律における「項」の書き方は、次のように三つのタイプがあることになります。

(a) **現在の一般的な法令**（例：商法）

（趣旨等）

第一条□商人の営業、商行為その他商事については、他の
□法律に特別の定めがあるものを除くほか、この法律の定
□めるところによる。
2□商事に関し、この法律に定めがない事項については商
□慣習に従い、商慣習がないときは、民法（明治二十九年
□法律第八十九号）の定めるところによる。

(b) **昭和二〇年代頃までの法令**（例：日本国憲法）

第四十三条□両議院は、全国民を代表する選挙された議員
□でこれを組織する。
□□両議院の議員の定数は、法律でこれを定める。

(c) **もっと古い法令**（例：暴力行為等処罰法）

第一条ノ二□銃砲若ハクロスボウ又ハ刀剣類ヲ用ヒテ人ノ
□身体ヲ傷害シタル者ハ一年以上十五年以下ノ懲役ニ処ス
□前項ノ未遂罪ハ之ヲ罰ス

□前二項ノ罪ハ刑法第三条、第三条の二及第四条の二ノ例
□ニ従フ

4　配字ルールに見る「立法の平易化」の流れ

このように、現行法律の中には制定時期のために現在の配字のルールに従っていないものもありますが、そのようなものを除けば、全ての法令が一定の配字のルールに従うことによって、条文全体が形式的にも分かりやすく、見やすいものとなっていると言うことができます。

配字のルールもまた、他の法制執務上のルールと同様に、長きにわたる立法慣行の積み重ねの結果として確立したものであり、そこには、「立法の平易化」という大きな流れを見ることができるのではないでしょうか。

付章　法律の調べ方

1　現行法の調べ方

皆さんが法律を調べようというとき、まず必要なのは、その法律の現在の形（制定後に一部改正がなされた場合には、その一部改正が溶け込んだ後の現在の形）だと思います。「改め文」で書かれた「一部改正法」そのものを調べることは（附則の施行期日や経過措置を見る場合を除けば）、ほとんどないと思います。しかも、一部改正法の附則については、改正対象となった元の法律の後ろに「改正附則」として掲載されている場合がほとんどですから、元の法律を離れて「一部改正法」そのものを調べる余地はないと言っていいでしょう。

以上のことを前提に、現在有効な法律の姿について調べる場合には、①データベースを利用する方法と、②紙媒体を利用する方法、との二つの方法があります。

(1)　データベースを利用する方法

現行法令のデータベースとして、まず挙げられるのは、政府が提供する「e-Gov 法令検索」です。この「e-Gov 法令検索」は、我が国で初めて、政府が責任をもって正確性を担保し、認証した法令のデータベースとされています。このデータベースでは、法律の題名を入力して、その法律の条文を閲覧することもできますし、キーワードを入力して、そのキーワードを含む法律を検索することもできます。しかも、誰でも、無料で利用できます。

加えて、民間の会社が提供する有料の法令データベースもあります。例えば、「D1-Law.com 現行法規」（第一法規出版）や、「現行法令電子版 Super 法令 Web」（ぎょうせい）などがあります。自治体や大学、会社などで導入していることも多いのではないでしょうか。こちらは、「e-Gov 法令検索」に比べて検索機能が充実している等の特徴がありますので、可能な方は一度利用してみるとよいかもしれません。

なお、法令のデータベースではありませんが、国立国会図書館の提供する「日本法令索引」も大変有用です。こちらでは、その法律がいつ改正されたかといった法律の改廃経過や、その法律が国会でいつ審議されたかといった国会での審議経過を調べることができます。これは、「国会会議録検索システム」ともリンクしているため、国会の会議録も容易に閲覧することができます。

(2) 紙媒体を利用する方法

書籍形態の各種の法令集でも、現行法を調べることができます。特に重要な法律については各条文の後ろに参照すべき条文が示されているなど、様々な編集上の工夫もなされています。その代表例は、何といっても、有斐閣の『六法全書』(Ⅰ・Ⅱの二分冊)です。収録法令の多さ(令和二年版では八四二件)のほか、主要な法令に関する準用規定の内容表示や参照条文の掲示、附属・関連法令の表示など、手取り足取りの工夫もなされています。

また、分野別の「○○小六法」と呼ばれるものや、判例・行政実務が掲載されている六法なども刊行されています。用途に応じて選んで使うのもよいかもしれません。

なお、厳密に言えば、このような法令集に掲載されている条文が必ずしも全て「現在有効な法律の姿」であるとは限りません。というのは、このような法令集は、一定の基準日までに「公布」された改正法令であれば、たとえそれがまだ「施行」されていなくても、原則としてその内容を本文中に織り込む、という方針で作られていることも多いからです。最新の改正内容が反映された「将来の法律の姿(未施行の条文)」をも先取りして参照することができ有用ですが、自分が参照している当の条文が「現在有効な法律の姿」なのか「将来の法律の姿」なのかについては十分に注意して利用する必要があります(「公布」「施行」については、第2部⓭一四二頁参照)。

2 制定法律や国会提出法律案の調べ方

現行法ではなく、制定された法律そのもの(一部改正法など)を見たいという場合、公布済みの法律については、官報でその内容を確認することができます。「インターネット版官報」では、平成一五年七月一五日以降の法律の官報情報を無料で閲覧することができます。

国会に提出された段階の「法律案」を見たいという場合には、衆議院あるいは参議院のホームページにアクセスしてみてください。衆議院のホームページの場合、トップページから「立法情報」→「議案」とクリックしていけば、法律案の内容に加え、その法律案の国会での審議経過も見ることができます。なお、その法律案の概要や新旧対照表などの参考資料については、内閣提出法律案であればその法律案を所管する各府省庁のホームページ（内閣法制局のホームページの「最近の法律・条約」の中で、各法律案ごとに主管省庁の該当ページへのリンクが張られています）、衆議院議員提出法律案であれば衆議院法制局のホームページ、参議院議員提出法律案であれば参議院法制局のホームページに、それぞれ掲載されています。また、審議会等で議論された法律案については、その審議会等のホームページに議事録や配付資料が掲載されていることも多いので、こちらも参考にしてみてください。

Part

02

How to Read The Text
of The Law

1 ▸▸ 25

第2部

法令用語編

条文の読み方

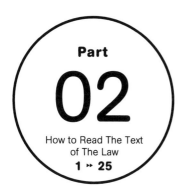

法令用語の解説

ミクロ法制執務の中に位置付けられる「法令用語」は、法令の規定内容を「明確（正確）」に規定すること、「簡潔」に規定することを目的として、日常的な日本語とは少し変わったお作法の下で使われることがあります（七八頁参照）。この第2部では、その代表的なものについて、次のような観点から分類した上で、具体的な立法例を示しながら解説を加えています。

1　規定内容を明確にするための用語

この第一類型には、大きく分けて、(1)その条文が規定している対象を明確にするための用語、(2)その表現に含まれている法的な効果の性質や強弱を明確にするための用語、(3)規定されている対象や効果相互の関係を明確にするための用語などが含まれます。

さらに、その内訳を細分すれば、(1)は、①事物の範囲の明確化、②条件の明確化、③時点・時間の明確化に関する用語に分けられます。(2)は、④当該規定が有する規範の性質・意味内容を明確にするための用語、⑤その規範の効力の強弱、例外性を明確にするための用語に分けられます。また、(3)については、並列したもの相互の関係について、⑥併合的関係を表す用語と、⑦選択的関係を表す用語とに分けられ、それぞれその併合・選択の大小関係を明確にするための使い分けのルールがあります。

2　ある規範の例外や特則、その他の事項の追加など条文相互の関係を明確にするための用語

この第二類型に掲げた法令用語には、まず、ある規範に対して、別の規範がその例外であることやその特則であることを明確にするような表現が含まれます。解釈に委ねず、法的安定性や国民の予測可能性の観点から、法文においてその旨を明示する、というのが我が国の法制執務の基本的な手法です。

また、ある事項や規範に対して、同様の事項や規範を並列的に追加するものである旨を明確にする用語も、ここに含めています。

3 表現を簡略化するための用語

この第三類型には⑧同一又は類似の規定の重複を避けて簡略化するための用語と、⑨その表現の前後にある別の表現を引用する際にこれを簡略化するための用語とがあります。正確に、しかし、簡潔に法文を記述するための技術ということができましょう。

なお、以上は、あくまでも一応の分類であって、それぞれの法令用語の意味内容は各項目で説明されていることに尽きているものですが、法令用語の役割や全体像を理解する一助になると思います。

○収録した法令用語・一覧

1 規定内容を明確にするための用語

(1) 規定の対象の明確化に関する用語

① 事物（主体・客体）の範囲の明確化

❶「その他」「その他の」

❷「係る」「関する」

② （前記に加えて）条件の明確化

❸「者」「物」「もの」

❹「場合」「とき」「時」

③ 時点・時間の明確化

❺「以前」「前」「以後」「後」「以降」

❻「……の日から○日」「……の日から起算して○日」

❼「直ちに」「速やかに」「遅滞なく」

❽「期日」「期限」「期間」

(2) 規定の効果の明確化に関する用語

④ 規範の性質の明確化

❾「第○条の規定による」「第○条に規定する」「第○条の」

❿「協議」「同意」「承認」「合意」

⓫「推定する」「みなす」

⓬「科する」「課する」

⓭「公布」「施行」「適用」

⑤ 規範の強度、効力、例外等の明確化

⓮「とする」「ものとする」「しなければならない」

⓯「……してはならない」「……することができない」

⓰「この限りでない」「妨げない」

⓱「なおその効力を有する」「なお従前の例による」

(3) 規定内容相互の関係の明確化に関する用語

⑥ 併合的関係の明確化

⓲「及び」「並びに」

⑦ 選択的関係の明確化

⓳「又は」「若しくは」

2 ある規範の例外や特則、その他の事項の追加など条文相互の関係を明確にするための用語

⓴「……の規定にかかわらず」「特別の定め」「別段の定め」

㉑「……に定めるもののほか」

㉒「ただし」「この場合において」

3 表現を簡略化するための用語

⑧ 同一又は類似規定の重複の簡略化

㉓「適用」「準用」「例による」「同様とする」

⑨ 引用の簡略化

㉔「前」「次」「……から～まで」

㉕「同」「当該」「その」

1 「その他」「その他の」

「その他」と「その他の」は、ひらがな一文字の違いだけで、日常生活で使い分けることはまずないと思いますが、法令において用いる場合は、前後に置かれる語句の関係を明らかにさせるために意識的に使い分けがされています。

【例1】
健康増進法（平一四法一〇三）
（市町村による生活習慣相談等の実施）
第一七条① 市町村は、住民の健康の増進を図るため、医師、歯科医師、薬剤師、保健師、助産師、看護師、准看護師、管理栄養士、栄養士、歯科衛生士**その他の**職員に、栄養の改善その他の生活習慣の改善に関する事項につき住民からの相談に応じさせ、及び必要な栄養指導その他の保健指導を行わせ、並びにこれらに付随する業務を行わせるものとする。
② （略）

【例2】
民法（明二九法八九）
（時効の援用）
第一四五条 時効は、当事者（消滅時効にあっては、保証人、物上保証人、第三取得者**その他**権利の消滅について正当な利益を有する者を含む。）が援用しなければ、裁判所がこれによって裁判をすることができない。

【例3】
探偵業の業務の適正化に関する法律（平一八法六〇）
（定義）
第二条① この法律において「探偵業務」とは、他人の依頼を受けて、特定人の所在又は行動についての情報であって当該依頼に係るものを収集することを目的として面接による聞込み、尾行、張込み**その他**これらに類する方法により実地の調査を行い、その調査の結果を当該依頼者に報告する業務をいう。
②・③ （略）

それでは、両者の違いを説明しつつ、具体的に前後に置かれている語句を確認しましょう。

▼「その他の」

「その他の」は、前の語句が後ろの語句の例示である場合に用いられます。【例1】では、「医師、歯科医師、……、歯科衛生士」は、「職員」の例示です。

▼「その他」

これに対して、「その他」は、その前後の語句を並列の関係で並べる場合に用いられます。【例2】では、「保証人」、「物上保証人」、「第三取得者」と「権利の消滅について正当な利益を有する者」が並べられていることになります。また、【例3】のように、前に並べた言葉を受ける形で、後ろに「これ〔ら〕に準ずる○○」、「これ〔ら〕に類する○○」といった言葉が続く場合もあります。

▼委任規定における両者の差異

従来、両者は「例示」と「並列」で説明されてきましたが、むしろ包含関係の有（=その他の）無（=その他）で説明する方が適切かもしれません。そして、この両者の違いは、下位法令への委任規定で使われる場合を見てみると、より分かりやすくなります。

【例4－1】
エネルギーの使用の合理化等に関する法律（昭五四法四九）
（定義）
第二条①　（略）
②　この法律において「燃料」とは、原油及び揮発油、重油**その他**経済産業省令で定める石油製品、可燃性天然ガス並びに石炭及びコークス**その他**経済産業省令で定める石炭製品であつて、燃焼**その他の**経済産業省令で定める用途に供するものをいう。
③　（略）

このような委任規定の場合、前に置かれた語句を、あらためてもう一度委任された省令で規定する必要があるかどうかに違いが出てきます。

【例4－2】
エネルギーの使用の合理化等に関する法律施行規則（昭五四通産省令七四）
（燃料の種類）
第二条①　法第二条第二項の経済産業省令で定める石油製品は、ナフサ、灯油、軽油、石油アスファルト、石油コークス及び石油ガス（液化したものを含む。以下同じ。）とする。

② 法第二条第二項の経済産業省令で定める石炭製品は、コールタール、コークス炉ガス、高炉ガス及び転炉ガスとする。

第三条　法第二条第二項の経済産業省令で定める用途は、燃焼及び燃料電池による発電とする。

つまり、「その他」では、前に置かれた語句と後ろに続く語句は並列です。したがって、前に置かれた語句は法律で既に規定されているので、省令で規定することはありません。それに対し、「その他の」では前に置かれた語句は例示なので、右の例の場合、「燃焼」についてあらためて省令三条で規定する必要があるわけです。

それでは、もう一つ例を見てみましょう。

【例5－1】刑事収容施設及び被収容者等の処遇に関する法律（平一七法五〇）

（電話等による通信）

第一四六条① 刑事施設の長は、受刑者（未決拘禁者としての地位を有するものを除く。以下この款において同じ。）に対し、第八十八条第二項の規定により開放的施設において処遇を受けていること**その他の**法務省令で定める事由に該当する場合において、その者の改善更生又は円滑な社会復帰に資すると認めるときその他相当と認めるときは、電話**その他**政令で定める電気通信の方法による通信を行うことを許すことができる。

② （略）

【例5－2】刑事施設及び被収容者の処遇に関する規則（平一八法務省令五七）

（法第百四十六条第一項に規定する法務省令で定める事由）

第八三条　法第百四十六条第一項に規定する法務省令で定める事由は、次に掲げる事由とする。

一　法第八十八条第二項の規定により開放的施設において処遇を受けていること。

二　第一種又は第二種の制限区分に指定されていること。

三　法第八十五条第一項第二号に定める指導を受けていること。

四　面会することが極めて困難である親族と法第百四十六条第一項に規定する通信を行うことが人道上の観点から特に必要と認められること。

五　法第百四十六条第一項に規定する通信の相手方が第二十二条第三号に掲げる者であること。

法務省令の方は、「その他の」ですから、あらためて「法第八十八条第二項の規定により開放的施設において処遇を受けていること」が規定されているのが分かるかと思います。

では、政令の方はどうでしょうか。実は、この部分について定めた政令はありません。こちらは「その他」ですから、「電話」については政令で規定する必要がないのです。そして、電話以外の電気通信の方法については、今後の電気通信の技術発展を踏まえて検討されることになっています。検討の結果、別の方法を追加することになった場合には政令で規定することを法律が委任している、ということになるわけです。もしもこの条文が「電話その他の政令」になっていたならば、現時点では電話しかないとしても、あらためて政令で「電話」を規定する必要があるわけです。

以上のように、法令上はしっかり使い分けがされている「その他」と「その他の」ですが、この使い分けのルールから外れている例もあります。

【例6】
日本国憲法
第二一条【集会・結社・表現の自由、通信の秘密】①　集会、結社及び言論、出版**その他**一切の表現の自由は、これを保障する。
②（略）

前後の語句の関係からいえば、「その他の」の方が適切かと思われる場面ですが、語呂や語感の関係でこうなっている、とよく説明されます。少々脱線しますが、この条文は、マッカーサー草案の段階では「集会、言論及定期刊行物並ニ**其ノ他**一切ノ表現形式ノ自由」となっており、その後の検討過程で「集会、結社、言論及定期刊行物並ニ**其ノ他**一切ノ表現形式ノ自由」という表現を経て、憲法改正草案要綱の時点で「集会、結社及言論、出版**其ノ他**一切ノ表現ノ自由」という表現になっています。「及」「並ニ」は、もちろん「及び」「並びに」です。途中の「並ニ」がある段階までは、「其ノ他」でも違和感がない感じもしますが、あるいは、それがそのまま最終案まで残ったのかもしれません。いかがでしょうか。

2 「係る」「関する」

「係る」と「関する」は、いずれも、その前後の語句をつなぐために用いられる用語で、前の語句が、後の語句の内容を特定したり、意味を説明したり、あるいはまた、目的語の関係であることを示したりと、法令では様々な場面で頻繁に使われる用語です。

▼「係る」

「係る」の代表的な用法としては、まず、ある語句とある語句とを、〝直接的〟に強く結び付けることを意識して用いられる場合が挙げられます。

【例1】
育児休業、介護休業等育児又は家族介護を行う労働者の福祉に関する法律（平三法七六）
（介護休業の申出）
第一一条①・②（略）
③ 第一項の規定による申出（以下「介護休業申出」という。）は、厚生労働省令で定めるところにより、介護休業申出に**係る**対象家族が要介護状態にあることを明らかにし、かつ、その期間中は当該対象家族に**係る**介護休業をすることとする一の期間について、その初日（以下「介護休業開始予定日」という。）及び末日（以下「介護休業終了予定日」という。）とする日を明らかにして、しなければならない。
④（略）

【例1】は、介護休業の申出の方法についての規定です。「介護休業申出に**係る**対象家族」とは、労働者が行う介護休業申出の対象となっているその対象家族、という意味で、「介護休業申出」と「対象家族」が、〝直接的に〟強く結び付いて、その範囲を画定しています。また、「当該対象家族に**係る**介護休業」とは、その対象家族を介護するために行う介護休業という意味です。こちらも、「対象家族」と「介護休業」が〝直接的に〟結び付いています。【例1】は、「係る」の持つ直接的な関係性が強く意識されている立法例ですが、実際には、「係る」は、そうした用例以外にも、様々な場面で広く使われています。

【例2】

エネルギーの使用の合理化等に関する法律（昭五四法四九）

（第一種エネルギー管理指定工場等の指定等）

第一〇条①～③（略）

④ 経済産業大臣は、第一項の規定による指定又は前項の規定による指定の取消しをしたときは、その旨を当該工場等に**係る**事業を所管する大臣に通知するものとする。

【例2】は、「……の」、「……が行う」という意味で用いられているものです。この規定は、工場の指定又は指定の取消しがされた場合の通知について定めたものですが、この規定中の「当該工場等に**係る**事業」とは、「当該工場等が行っている事業」というくらいの意味です。

【例3】

文化財保護法（昭二五法二一四）

（管理団体による買取りの補助）

第四六条の二① 国は、管理団体である地方公共団体その他の法人が、その管理に**係る**重要文化財（建造物その他の土地の定着物及びこれと一体のものとして当該重要文化財に指定された土地に限る。）で、その保存のため特に買い取る必要があると認められるものを買い取る場合には、その買取りに要する経費の一部を補助することができる。

② （略）

【例3】は、「係る」が「……に属する」、「……の対象になっている」という趣旨で用いられている例です。この規定は、重要文化財の管理を行っている法人が必要な買取りを行う場合の経費の補助について定めた規定ですが、ここでいう「その管理に**係る**」とは、直接の関連性を表すというよりは、「その管理に属する」というような意味で用いられています。

【例4】

健康増進法（平一四法一〇三）

（国及び地方公共団体の責務）

第三条 国及び地方公共団体は、教育活動及び広報活動を通じた健康の増進に関する正しい知識の普及、健康の増進に関する情報の収集、整理、分析及び提供並びに研究の推進並びに健康の増進に**係る**人材の養成及び資質の向上を図るとともに、健康増進事業実施者その他の関係者に対し、必要な技術的援助を与えることに努めなければならない。

【例4】は、「……に関係する」という意味で使われています。「健康の増進に**係る**人材」とは、保健師や管理栄養士など、「健康の増進に関係する人材」という意味で用いられています。その意味では、次に説明する「関する」と似たような意味で使われているともいえます。

こうした立法例からも、「係る」は、色々な場面で使われていることがお分かりいただけると思います。「係る」は、二つの語句の様々な結び付きの態様について言い表すことができる、ある意味で便利な法令用語であるといえます。

▼「関する」

「関する」も、「係る」と同様、「……に関係する」、「……についての」という意味合いで、二つの語句をつなぐ場合に使われます。「係る」が、【例1】で見たとおり、二つの語句を〝直接的に〟強く結び付ける場合に用いられるのに対し、「関する」は、二つの語句の間に直接の結び付きはなくても何らかの関係性がある場合、言い換えれば〝より緩やかな〟〝やや広い〟範囲での結び付きを表す場合に用いられます。

【例5】
フロン類の使用の合理化及び管理の適正化に関する法律
（平一三法六四）

（指針）
第三条① 主務大臣は、フロン類の使用の抑制及びフロン類の排出の抑制を図ることによりオゾン層の保護及び地球温暖化の防止に資するため、フロン類の使用の合理化及び特定製品に使用されるフロン類の管理の適正化に**関する**事項について、指針を定めるものとする。
②・③（略）

【例5】は、フロン類の使用の合理化及び管理の適正化についての指針を定めることを主務大臣に義務付けた規定です。この規定を受けて作成された指針（フロン類の使用の合理化及び特定製品に使用されるフロン類の管理の適正化に**関する**指針〔平二六経産・国交・環境省告示八七〕）では、①フロン代替物質の開発、②教育及び学習の振興並びに広報活動、といった、フロン類の使用の合理化等と関連はしますが、長期的な、あるいは、やや周辺的な事項も含めて定められています。このように「関する」は、〝やや広い〟範囲での結び付きという意味合いで、二つの語句をつないでいるといえます。

【例6】

地方税法（昭二五法二二六）

（秘密漏えいに関する罪）

第二二条　地方税に**関する**調査（不服申立てに係る事件の審理のための調査及び地方税の犯則事件の調査を含む。）若しくは租税条約等の実施に伴う所得税法、法人税法及び地方税法の特例等に関する法律（昭和四十四年法律第四十六号）の規定に基づいて行う情報の提供のための調査に**関する**事務又は地方税の徴収に**関する**事務に従事している者又は従事していた者は、これらの事務に**関して**知り得た秘密を漏らし、又は窃用した場合においては、二年以下の懲役又は百万円以下の罰金に処する。

【例6】は、地方税に関する調査事務や賦課徴収事務に従事している（いた）者の守秘義務違反についての罰則規定です。「調査に**関する**事務又は……徴収に**関する**事務に従事している者」には、地方公共団体の税務の担当職員のほか、その補助者も含み、実際に質問検査権を行使したり申告書を受け付けたりした職員に限らず、これらの者とともにこれらの事務に従事している者も含むとされています。また、「これらの事務に**関して**知り得た秘密」には、納税義務者の収入といった事項のほか、納税義務者の職業や家族の状況なども含むとされています。

なお、「地方税に**関する**調査」の次のかっこ書きは平成二三年の改正で追加されましたが、同改正前においても「地方税に関する調査」にはこのかっこ書きの内容を含むと解されていました。

【例7】

日本国憲法の改正手続に関する法律（平一九法五一）

（協議会の事務）

第一四条①　協議会は、次に掲げる事務を行う。

一　国会の発議に**係る**日本国憲法の改正案（以下「憲法改正案」という。）及びその要旨並びに憲法改正案に**係る**新旧対照表その他参考となるべき事項に**関する**分かりやすい説明並びに憲法改正案を発議するに当たって出された賛成意見及び反対意見を掲載した国民投票公報の原稿の作成

二～四　（略）

②　（略）

最後に挙げた【例7】を見れば、「係る」と「関する」の〝距離感の違い〟が、よりはっきりと、感覚的に理解できるのではないでしょうか。

3 「者」「物」「もの」

「者」、「物」、「もの」は、日常での用法とは異なり、法令上用いられる場合、それぞれ次のような使い分けがなされています。

▼「者」

まずは、「者」です。「者」は、法律上の人格を有するもの（自然人及び法人）を指す場合に用いられます。

【例1－1】
ヒトに関するクローン技術等の規制に関する法律（平一二法一四六）
（特定胚の作成、譲受又は輸入の届出）
第六条① 特定胚を作成し、譲り受け、又は輸入しようとする**者**は、文部科学省令で定めるところにより、次に掲げる事項を文部科学大臣に届け出なければならない。
一 氏名又は名称及び住所並びに法人にあっては、その代表者の氏名
二～六 （略）
② （略）

【例1－1】では、クローン技術に係る特定胚の取扱者に対する届出義務が規定され、届出事項として、①自然人にあっては、その氏名及び住所、②法人にあっては、その名称及び住所並びに代表者の氏名が、それぞれ求められています。つまり、自然人である特定胚の取扱者と法人である特定胚の取扱者が、併せて「特定胚を作成し……輸入しようとする**者**」とされているのです。

【例1－2】
過労死等防止対策推進法（平二六法一〇〇）
（基本理念）
第三条① （略）
② 過労死等の防止のための対策は、国、地方公共団体、事業主その他の関係する**者**の相互の密接な連携の下に行われなければならない。

「法人」には、国や地方公共団体等の公法人も含まれます。したがって、【例1－2】でも「国、地方公共団体、事業主その他の関係する**者**」とされているのです。

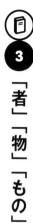

▼「物」

続いて、「物」です。「物」は、権利の客体となる有体物を指す場合に用いられます。

【例2】
愛がん動物用飼料の安全性の確保に関する法律（平二〇法八三）
（定義）
第二条① （略）
② この法律において「愛がん動物用飼料」とは、愛がん動物の栄養に供することを目的として使用される**物**をいう。
③ （略）

この法律は、愛がん動物（政令で、犬と猫と規定されています）用の飼料の安全性の確保を図るため、愛がん動物用飼料の製造、輸入及び販売等に関する規制を行うことを目的としています。当然のことながら、愛がん動物用飼料は、「**物**」となります。

▼「もの」

そして、「もの」です。「もの」は、若干特殊で、以下に説明するように、大別して三つの異なる場面で用いられます。

第一に、「もの」は、「者」にも「物」にも当たらない抽象的なものを指す場合、あるいは、これらのものと「物」とを併せて指す場合に用いられます。

【例3－1】
生物多様性基本法（平二〇法五八）
（生物多様性国家戦略の策定等）
第一一条① （略）
② 生物多様性国家戦略は、次に掲げる事項について定めるものとする。
一 生物の多様性の保全及び持続可能な利用に関する施策についての基本的な方針
二 生物の多様性の保全及び持続可能な利用に関する目標
三 生物の多様性の保全及び持続可能な利用に関し、政府が総合的かつ計画的に講ずべき施策
四 前三号に掲げる**もの**のほか、生物の多様性の保全及

び持続可能な利用に関する施策を総合的かつ計画的に推進するために必要な事項

③〜⑥　（略）

生物多様性国家戦略において定めるべき事項のうち、一号から三号までに規定されている事項は、「方針」、「目標」、「施策」と、いずれも抽象的な事柄です。これを受けて四号では、「前三号に掲げる**もの**のほか」とされているのです。

【例3－2】

文化財保護法（昭二五法二一四）

（文化財の定義）

第二条①　この法律で「文化財」とは、次に掲げる**もの**をいう。

一　建造物、絵画、彫刻、工芸品、書跡、典籍、古文書その他の有形の文化的所産で我が国にとつて歴史上又は芸術上価値の高いもの（……）並びに考古資料及びその他の学術上価値の高い歴史資料（……）

二　演劇、音楽、工芸技術その他の無形の文化的所産で我が国にとつて歴史上又は芸術上価値の高いもの（……）

三〜六　（略）

②・③　（略）

【例3－2】では、文化財の概念が定義されています。そのうち、一号に規定されているものは、〝権利の客体となる有体物〟といえますが、二号に規定されているものは、そうではありません。文化財には、「物」に当たるものと、そうでないものとが混在しているため、「次に掲げる**もの**」とされているのです。

第二に、「もの」は、人格のない社団・財団を指す場合、あるいは、これらと法律上の人格を有するものとを併せて指す場合に用いられることがあります。

【例4】

外国為替及び外国貿易法（昭二四法二二八）

（銀行等の本人確認義務等）

第一八条①・②　（略）

③　顧客が国、地方公共団体、人格のない社団又は財団その他の政令で定める**もの**である場合には、当該国、地方公共団体、人格のない社団又は財団その他の政令で定める**もの**のために当該銀行等との間で現に特定為替取引の任に当たつている自然人を顧客とみなして、第一項の規

定を適用する。

④　（略）

【例４】では、国や地方公共団体、人格のない社団・財団が銀行の顧客である場合における本人確認の対象について定められています。「公法人」である国・地方公共団体と「人格のない社団・財団」とを併せて指そうとしているため、「国、地方公共団体、人格のない社団又は財団その他の政令で定める**もの**」とされているのです。

第三に、「もの」は、あるものにさらに要件を加えて限定する場合に用いられます。

【例５－１】

建築基準法（昭二五法二〇一）

（看板等の防火措置）

第六四条　防火地域内にある看板、広告塔、装飾塔その他これらに類する工作物で、建築物の屋上に設ける**もの**又は高さ三メートルを超える**もの**は、その主要な部分を不燃材料で造り、又は覆わなければならない。

【例５－１】では、「防火地域内にある看板、広告塔、装飾塔その他これらに類する工作物」について、「建築物の屋上に設ける工作物」あるいは「高さ三メートルを超える工作物」であることという要件が重ねられることによって、主要部分に防火措置を講じなければならない工作物の範囲が限定されています。ここでは、追加された要件がいわば**関係代名詞的**に用いられていることがわかります。

【例５－２】

性同一性障害者の性別の取扱いの特例に関する法律（平一五法一一一）

（定義）

第二条　この法律において「性同一性障害者」とは、生物学的には性別が明らかであるにもかかわらず、心理的にはそれとは別の性別（以下「他の性別」という。）であるとの持続的な確信を持ち、かつ、自己を身体的及び社会的に他の性別に適合させようとする意思を有する**者であって**、そのことについてその診断を的確に行うために必要な知識及び経験を有する二人以上の医師の一般に認められている医学的知見に基づき行う診断が一致している**もの**をいう。

性同一性障害者に該当するためには、ある者が主観的要素（〝心理的に生物学的性別とは別の性別であるとの持続的確信〟と〝自身を身体的及び社会的に他の性別に適合させようとする意思〟）を有しているだけではなく、客観的要素（複数医師の診断の一致）が存在していることが必要とされています。ここでは、「性同一性障害者」概念が複数の要件を重ねることによって限定されていることがわかります。

4 「場合」「とき」「時」

「場合」「とき」「時」は、〝似たもの法令用語〟です。日常生活では文脈や語感に応じて使っているかと思いますが、法令上は、以下のような使い分けがされています。

▼「場合」「とき」

「場合」と「とき」は、いずれも、仮定的条件を表す用語です。「とき」も、時点や時間を表すのではなく、「場合」と同じ意味で使われます。まずは、実際の例を見てみましょう。

【例1】
日本国憲法の改正手続に関する法律（平一九法五一）
（投票人名簿の記載事項等）
第二二条① （略）
② 投票人名簿は、市町村の区域を分けて数投票区を設けた**場合**には、その投票区ごとに編製しなければならない。
③ （略）

【例2】
日本国憲法の改正手続に関する法律
（投票管理者）
第四八条①～③ （略）
④ 投票管理者は、国民投票の投票権を有しなくなった**とき**は、その職を失う。
⑤ （略）

どちらも、日常用語としての「場合」という意味で用いられています。

では、両者はどのように使い分けられるのでしょうか。実は、意味に区別がないのですから、基本的には、どちらを使っても構わないのです。したがって、条文としての読み易さ、語呂、語感に応じ、立案者によって適宜選択されることになります。

余談ですが、「場合」と「とき」の使い分けに限らず、読みやすさや語呂、語感というのは、実際の条文の立案に際して重視すべきポイントの一つでもあります。法文も日本語の文章である以上、単に「意味が分かる」「正確である」だけでなく、読み手の頭にスムースに入っていく方が望ましいことはいうまでもありません。

さて、本論に戻り、【例1】、【例2】の立案者は、自らの日本語のセンスに従って「場合」と「とき」を選択したのでしょうか。語感・語呂としても決して悪くはありませんが、おそらく、別の理由だと推測できます。実は、【例1】、【例2】には、それぞれ、モデルとなった規定があるのです。

【例3】
公職選挙法（昭二五法一〇〇）
（選挙人名簿の記載事項等）
第二〇条① （略）
② 選挙人名簿は、市町村の区域を分けて数投票区を設けた**場合**には、その投票区ごとに編製しなければならない。
③ （略）

【例4】
公職選挙法
（投票管理者）
第三七条①〜⑤ （略）
⑥ 投票管理者は、選挙権を有しなくなつた**とき**は、その職を失う。
⑦ （略）

それぞれ、【例3】は【例1】の、【例4】は【例2】のモデルとなっています。このように、既存の規定をモデルとして立案する場合、特に支障がない限り、前例に倣うのが一般的です。

◆「場合」と「とき」の使い分け

さて、例外的に、「場合」と「とき」を厳密に使い分ける場合があります。

【例5】
いじめ防止対策推進法（平二五法七一）
（校長及び教員による懲戒）
第二五条　校長及び教員は、当該学校に在籍する児童等がいじめを行っている**場合であって**教育上必要があると認める**とき**は、学校教育法第十一条の規定に基づき、適切に、当該児童等に対して懲戒を加えるものとする。

このように、二つの条件を重ねる場合には、最初の大きな条件（「当該学校に在籍する児童等がいじめを行っている場合」）は「場合」で表し、次の小さな条件（「教育上必要があると認めるとき」）には「とき」を用いることとされています。

それでは、三つ以上の条件を重ねる場合は、どうでしょうか。定型的なルールはありませんが、いくつか例を見てみましょう。

【例6】
民法（明二九法八九）
（加工）
第二四六条① 他人の動産に工作を加えた者（以下この条において「加工者」という。）があるときは、その加工物の所有権は、材料の所有者に帰属する。（以下略）
② 前項に規定する**場合において**、加工者が材料の一部を供した**とき**は、その価格に工作によって生じた価格を加えたものが他人の材料の価格を超える**ときに限り**、加工者がその加工物の所有権を取得する。

【例7】
民法
（特別養子縁組の離縁）
第八一七条の一〇① **次の各号のいずれにも該当する場合において**、養子の利益のため特に必要があると認める**とき**は、家庭裁判所は、養子、実父母又は検察官の請求により、特別養子縁組の当事者を離縁させることができる。
一 養親による虐待、悪意の遺棄その他養子の利益を著しく害する事由があること。
二 実父母が相当の監護をすることができること。
② （略）

ここで紹介したやり方のほかにも様々な方法がありますが、いずれにしても、規定する各条件の軽重や相互関係等を総合的に考慮して最も適当な方法が選ばれることになります。

▼「時」

「とき」には、必ずしも時間的概念としての意味がないのに対し、漢字の「時」は、次の【例8】のように、ある時点を瞬間的にとらえて押さえる場合に用いられます。ちなみに、平仮名の「とき」との区別を意識するために、あえて、「時」を「じ」と発音して条文を読むこともあります。

【例8】
刑事訴訟法（昭二三法一三一）
第二五三条【時効の起算点】① 時効は、犯罪行為が終った**時**から進行する。
② 共犯の場合には、最終の行為が終った**時**から、すべての共犯に対して時効の期間を起算する。

5 「以前」「前」「以後」「後」「以降」

「以前」、「前」、「以後」、「後」、「以降」は、範囲の起点を示す「以」という字の有無によって異なる意味を表します。

▼「以前」と「前」、「以後」と「後」の違い

法令において、ある基準となる時点から前（過去）又は後（未来）に向けて時間的な広がりをもたせることがあります。その際に、「基準となる時点」を含むのか含まないのか、で書きぶりが変わってきます。具体的には、以下のように使い分けがされています。

「以前」…基準となる時点を**含んで**それより前への時間的広がり

「前」…基準となる時点を**含まないで**それより前への時間的広がり

「以後」、「以降」…基準となる時点を**含んで**それより後への時間的広がり

「後」…基準となる時点を**含まないで**それより後への時間的広がり

つまり、「以」という文字がある場合は基準となる時点を含み、ない場合は基準となる時点を含まない、ということになります。したがって、基準となる時点の前後で法の対応が異なる場合、その時点を前後のどちらに含むのかで表現を変えることになります。

【例1】

行政不服審査法（平二六法六八）

（再調査の請求についての決定を経ずに審査請求がされた場合）

第五六条　第五条第二項ただし書の規定により審査請求がされたときは、同項の再調査の請求は、取り下げられたものとみなす。ただし、処分庁において当該審査請求がされた日**以前**に再調査の請求に係る処分（事実上の行為を除く。）を取り消す旨の第六十条第一項の決定書の謄本を発している場合又は再調査の請求に係る事実上の行

為を撤廃している場合は、当該審査請求（処分（事実上の行為を除く。）の一部を取り消す旨の第五十九条第一項の決定がされている場合又は事実上の行為の一部が撤廃されている場合にあっては、その部分に限る。）が取り下げられたものとみなす。

【例2】

特許法（昭三四法一二一）

（他人の特許発明等との関係）

第七二条　特許権者、専用実施権者又は通常実施権者は、その特許発明がその特許出願の日**前**の出願に係る他人の特許発明、登録実用新案若しくは登録意匠若しくはこれに類似する意匠を利用するものであるとき、又はその特許権がその特許出願の日**前**の出願に係る他人の意匠権若しくは商標権と抵触するときは、業としてその特許発明の実施をすることができない。

【例1】では、審査請求がされた日は「以前」に含まれるので、審査請求がされたその日に処分庁が処分を取り消した場合にも、審査請求が取り下げられたものとみなされます。これに対して、【例2】では、特許出願の日は「前」に含まれないので、特許出願の日と同日の出願に係る他人の特許発明等との関係では、この規定の適用はありません。

【例3】

商法（明三二法四八）

（利息請求権）

第五一三条①（略）

②　商人がその営業の範囲内において他人のために金銭の立替えをしたときは、その立替えの日**以後**の法定利息を請求することができる。

【例4】

信託法（平一八法一〇八）

（受益権の価格の決定等）

第一〇四条①（略）

②　受益権の価格の決定について、受益権取得請求の日から三十日以内に協議が調わないときは、受託者又は受益者は、その期間の満了の日**後**三十日以内に、裁判所に対し、価格の決定の申立てをすることができる。

③～⑬（略）

これと同様に、【例3】では、立替えの日の分についても法定利息を請求することができるのに対し、【例4】では、期間の満了の日には価格の決定の申立てはできないこととなります。

▼「以降」と「以後」

また、「以降」は、「以」があるので基準となる時点を含んで将来に向けての時間的連続を示し、意義としては「以後」と同じです。使い分けに明確なルールが示されているものではありませんが、「以降」の方は、財政関係の規定等、制度的に継続して行われることが想定される場合に使われることが多いようです（【例5】）。

【例5】

災害対策基本法（昭三六法二二三）

（起債の特例）

第一〇二条① 次の各号に掲げる場合においては、政令で定める地方公共団体は、政令で定める災害の発生した日の属する年度及びその翌年度**以降**の年度で政令で定める年度に限り、地方財政法（昭和二十三年法律第百九号）第五条の規定にかかわらず、地方債をもつてその財源とすることができる。

一・二 （略）

②・③ （略）

▼「以」を用いない場合

なお、この「以」が必要とされるのは、基準となる「時点」自体を問題にしなければならない場合なので、その時点を問題にせず、事柄や状態に着目する場合は、「以」を用いません（【例6】）。

【例6】

会社法の一部を改正する法律（令元法七〇）**附則**

（経過措置の原則）

第二条 この法律による**改正後**の会社法（以下「新法」という。）の規定（罰則を除く。）は、この附則に特別の定めがある場合を除き、この法律（前条ただし書に規定する規定については、当該規定。附則第十条において同じ。）の施行前に生じた事項にも適用する。ただし、この法律による**改正前**の会社法（以下「旧法」という。）の規定によって生じた効力を妨げない。

日常生活で意識して使い分けるものではありませんが、「以」の一文字が、「基準となる時点」がその法令においてどのような扱いになるのかを区別する、重要なメルクマールとなるわけです。

6 「……の日から○日」「……の日から起算して○日」

「……の日から○日」と「……の日から起算して○日」はいずれも、ある日を基準として一定の期間を表す用語ですが、起算日をいつにするか、すなわち、どの日から期間を数え始めるかによって、使い分けがされています。

▼「……の日から○日」

「……の日から○日」と表現した場合、「……」の事象が午前零時にあった場合でない限りは、期間の初日である「……の日」を算入しないで期間を計算します。【例1】では、「十日」を数えるに当たって、「通知を受けた日」を算入せずその翌日から起算することとなります。したがって、「通知を受けた日」が七月一日である場合には、その翌日（七月二日）から数え始めて一〇日以内、すなわち七月一一日までというのが「十日以内」の意味するところとなります。

【例1】

地方自治法（昭二二法六七）

第一七八条【議会の不信任議決と長の処置】① 普通地方公共団体の議会において、当該普通地方公共団体の長の不信任の議決をしたときは、直ちに議長からその旨を当該普通地方公共団体の長に通知しなければならない。この場合においては、普通地方公共団体の長は、その通知を受けた**日から十日**以内に議会を解散することができる。

②・③（略）

▼「……の日から起算して○日」

一方で、「……の日から起算して○日」と表現した場合は、期間の初日である「……の日」を算入して期間を計算します。【例2】では、「十日」を数えるに当たって、「引致された日」を算入し、その日から起算することとなります。したがって、「引致された日」が七月一日である場合には、その当日（七月一日）から数え始めて一〇日以内、すなわち七月一〇日までというのが「十日以内」の意味するところとなります。

【例2】

更生保護法（平一九法八八）

（留置）

第七三条①（略）

② 前項の規定による留置の期間は、引致すべき場所に引致された**日から起算して十日**以内とする。ただし、その期間中であっても、留置の必要がなくなったと認めるときは、直ちに少年院仮退院者を釈放しなければならない。

③〜⑥（略）

このように、【例2】は「十日」という期間を数える点では【例1】と共通していますが、「起算して」との表現を用いることによって初日を算入することとなる点で、【例1】とは異なるのです。

また、「……の日から起算して」との表現は、「公布の日から起算して○日（月、年）を経過した日」などといった形で、法律の施行期日を定める際によく用いられます（【例3】）。法律がいつから効力を発揮するかということは国民生活に極めて重要な意味を持つので、起算日が「公布の日」であることを明らかにすることによって、混乱が生じないようにしているのです。

【例3】

刑法の一部を改正する法律（平二九法七二）**附則**

（施行期日）

第一条 この法律は、公布の**日から起算して二十日**を経過した日から施行する。

▼初日不算入の原則

さて、ここまで「……の日から○日」と「……の日から起算して○日」では起算日が異なることを説明してきましたが、起算日をはじめとする期間の計算ルールについては、民法に原則的な規定があります。この規定によると、「時間」によって期間を定めたときは、その期間は「即時」から起算されるのに対し、「日・週・月・年」を単位とするときは、その期間が午前零時から始まる場合を除いて、期間の初日は算入しない（「初日不算入の原則」）こととなります。

【例4】

民法（明二九法八九）

（期間の計算の通則）

第一三八条 期間の計算方法は、法令若しくは裁判上の命令に特別の定めがある場合又は法律行為に別段の定めがある場合を除き、この章の規定に従う。

（期間の起算）

第一三九条　時間によって期間を定めたときは、その期間は、即時から起算する。

第一四〇条　**日、週、月又は年によって期間を定めたときは、期間の初日は、算入しない。**ただし、その期間が午前零時から始まるときは、この限りでない。

この民法の期間の計算に関する規定は、特別の定めがない限り、私法の分野に限らず公法の分野においても働くものと解されています。したがって、先ほど述べたように、「起算して」との表現を用いずに「……の日から〇日」と規定した場合には、民法一四〇条の「初日不算入の原則」が適用され、「……の日」は算入しないこととなるのです。

なお、この民法の期間の計算に関する規定については、他法においてこれと異なる「特別の定め」を置く例も少なからず存在します。そのうちの一つが国会法です。国会法では、国会の会期について召集日から起算することとしており、また、国会法及び各議院規則による期間の計算についても当日から起算することとしています。

【例5】

国会法（昭二二法七九）

第一四条【会期の起算】　国会の会期は、**召集の当日からこれを起算する。**

第一三三条【期間の計算】　この法律及び各議院の規則による期間の計算は、**当日から起算する。**

7 「直ちに」「速やかに」「遅滞なく」

「直ちに」、「速やかに」、「遅滞なく」の三つは、いずれも「すぐに」という意味で、時間的即時性を表す言葉として法令上数多く用いられているものですが、それぞれにニュアンスを異にしています。

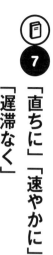

▼「直ちに」

まずは、「直ちに」です。この「直ちに」は、今回採り上げた三つのうちで最も時間的即時性が強いものとされており、一切の遅滞が許されないという強い趣旨で用いられます。【例1】は身体が強制的に拘束されるという重大な場面に関する規定であることから、また【例2】は交通事故が起こった場合についての措置に関する規定であることからも、この「直ちに」の趣旨が理解できるかと思います。

【例1】
日本国憲法
第三四条【抑留・拘禁の要件、不法拘禁に対する保障】何人も、理由を**直ちに**告げられ、且つ、**直ちに**弁護人に依頼する権利を与へられなければ、抑留又は拘禁されない。又、何人も、正当な理由がなければ、拘禁されず、要求があれば、その理由は、**直ちに**本人及びその弁護人の出席する公開の法廷で示されなければならない。

【例2】
道路交通法（昭三五法一〇五）
（交通事故の場合の措置）
第七二条① 交通事故があつたときは、当該交通事故に係る車両等の運転者その他の乗務員（以下この節において「運転者等」という。）は、**直ちに**車両等の運転を停止して、負傷者を救護し、道路における危険を防止する等必要な措置を講じなければならない。（以下略）
②～④（略）

なお、この「直ちに」については、時間的即時性というよりも、通常の場合にとるべき一定の手続をとらないで、とか、何らの条件も付けないで、という趣旨で用いられることもあります。次の【例3】は、やむを得ない事由があれば、契約期間の途中であっても、予告なしに、雇用契約の解除を認める趣旨の規定です。

【例3】
民法（明二九法八九）
（やむを得ない事由による雇用の解除）
第六二八条　当事者が雇用の期間を定めた場合であっても、やむを得ない事由があるときは、各当事者は、**直ちに**契約の解除をすることができる。この場合において、その事由が当事者の一方の過失によって生じたものであるときは、相手方に対して損害賠償の責任を負う。

▼「速やかに」

次は、「速やかに」です。この「速やかに」は、「直ちに」よりは時間的即時性が弱く、「遅滞なく」よりは時間的即時性が強い、いわば両者の中間に位置する用語として用いられます。

【例4】
銃砲刀剣類所持等取締法（昭三三法六）
（発見及び拾得の届出）
第二三条　銃砲等又は刀剣類を発見し、又は拾得した者は、**速やかに**その旨を最寄りの警察署に届け出なければならない。
第三五条　次の各号のいずれかに該当する場合には、当該違反行為をした者は、二十万円以下の罰金に処する。
一　（略）
二　……第二十三条……の規定に違反したとき（以下略）
三～八　（略）

【例5】
児童虐待の防止等に関する法律（平一二法八二）
（児童虐待に係る通告）
第六条①　児童虐待を受けたと思われる児童を発見した者は、**速やかに**、これを市町村、都道府県の設置する福祉事務所若しくは児童相談所又は児童委員を介して市町村、都道府県の設置する福祉事務所若しくは児童相談所に通告しなければならない。
②・③　（略）

なお、「遅滞なく」や「直ちに」が用いられた場合、その懈怠は義務違反とされることが多いのに対し、「速やかに」については、訓示的な意味を持つにとどまることが多いとされています。しかしながら、前記【例4】のように、「速やかに」が用いられている規定の違反に対して、罰則が設けられている例も多く見受けられます。

ちなみに、昭和四〇年改正前の銃砲刀剣類所持等取締法（いわゆる銃刀法）一七条一項も、登録を受けた銃砲又は刀剣類を譲り受けた者等は、**すみやかに**その旨を届け出なければならない旨規定した上で、この規定違反について、罰則が設けられていました。

この条項の合憲性が争われた裁判において、第一審の大阪地裁（昭和三七・七・一四判時三一七号四八頁）は、一七条一項は、「すみやかに」という用語が不明確であるから、これに対する罰則は罪刑法定主義ひいては憲法三一条に違反して無効であると判示しましたが、控訴審の大阪高裁（昭和三七・一二・一〇判時三二七号四六頁）は、「何日以内に」というような確定期限ではなく「すみやかに」という用語が用いられていても、明確性を欠くものとはいえないとして、原判決を破棄しました（二審で確定）。なお、この銃刀法一七条一項の規定は、昭和四〇年の改正により、「すみやかに」から「二十日以内に」に改められ、現在に至っています（なお、【例4】で挙げた二三条においては、現在でも「速やかに」が用いられています）。

▼「遅滞なく」

最後は、「遅滞なく」です。この「遅滞なく」は、「直ちに」や「速やかに」と比べると、時間的即時性の度合いが弱いものとされており、時間的即時性は求められるものの、正当な、あるいは合理的な理由に基づく遅れは許されるものと解されています。次の【例6】や【例7】を見てみると、具体的事情に応じて、事情の許す限りすぐに、という、「遅滞なく」のニュアンスが理解できると思います。例えば、【例6】では、借地権設定者が更新の諾否について考慮するのに必要な期間を超えていないかどうかといったことが、具体的事情に即して判断されることになるでしょう。

【例6】

借地借家法（平三法九〇）

（借地契約の更新請求等）

第五条① 借地権の存続期間が満了する場合において、借地権者が契約の更新を請求したときは、建物がある場合に限り、前条の規定によるもののほか、従前の契約と同一の条件で契約を更新したものとみなす。ただし、借地権設定者が**遅滞なく**異議を述べたときは、この限りでない。

②・③（略）

【例7】
観光立国推進基本法（平一八法一一七）

（観光立国推進基本計画の策定等）

第一〇条①〜③（略）

④　国土交通大臣は、前項の規定による閣議の決定があったときは、**遅滞なく**、観光立国推進基本計画を国会に報告するとともに、公表しなければならない。

⑤（略）

▼使い分け

「直ちに」「速やかに」「遅滞なく」のうちの二つが、一つの条文の中で同時に用いられている例もあります。

【例8】
犯罪被害者等の権利利益の保護を図るための刑事手続に付随する措置に関する法律（平一二法七五）

（審理）

第三〇条①　刑事被告事件について刑事訴訟法第三百三十五条第一項に規定する有罪の言渡しがあった場合（……）には、裁判所は、**直ちに**、損害賠償命令の申立てについての審理のための期日（以下「審理期日」という。）を開かなければならない。ただし、**直ちに**審理期日を開くことが相当でないと認めるときは、裁判長は、**速やかに**、最初の審理期日を定めなければならない。

②〜④（略）

【例9】
行政手続法（平五法八八）

（申請に対する審査、応答）

第七条　行政庁は、申請がその事務所に到達したときは**遅滞なく**当該申請の審査を開始しなければならず、かつ、申請書の記載事項に不備がないこと、申請書に必要な書類が添付されていること、申請をすることができる期間内にされたものであることその他の法令に定められた申請の形式上の要件に適合しない申請については、**速やかに**、申請をした者（以下「申請者」という。）に対し相当の期間を定めて当該申請の補正を求め、又は当該申請により求められた許認可等を拒否しなければならない。

【例8】は、犯罪被害者等による損害賠償の請求について、刑事手続の成果を利用することにより簡易迅速な解決を図るべく、民事裁判手続の特例として設けられた制度に関する規定です。この【例8】の「直ちに」については、刑事判決の言渡しの直後、少なくとも同日中に、と考えられており、また、「速やかに」に関しては、たとえそれが相当でない場合でも、審理を迅速に行うべきとの観点から、できるだけ早期に最初の期日を開くことができるよう決定されることが期待されていると解されます。

【例9】の「遅滞なく」についていえば、例えば、複数の申請を一定期間保留し、一括審査すべき場合など、審査の開始が合理的な理由により遅れることは許されると解されています。また、「速やかに」に関しては、形式上の要件に適合しない申請については、申請者の利益を考え、迅速な対応をすべきものと考えられるところです。

8 「期日」「期限」「期間」

「期日」、「期限」、「期間」は、いずれも、法律上の行為や、その効果の発生に係る〝時期〟に関係する法令用語です。

▼期日

法律上の行為や、その効果の発生が、ある特定の日にかかっている場合、その特定の日のことを、「期日」といいます。

> **【例1】**
> **国会法**（昭二二法七九）
> 第五条【議員の集会】　議員は、召集詔書に指定された**期日**に、各議院に集会しなければならない。

> **【例2】**
> **労働基準法**（昭二二法四九）
> （賃金の支払）
> 第二四条①（略）
> ②　賃金は、毎月一回以上、一定の**期日**を定めて支払わなければならない。（以下略）

【例1】は、国会の召集日に関する規定です。ちなみに詔書では、例えば、「日本国憲法第七条及び第五十二条並びに国会法第一条及び第二条によって、令和○年○月○日に、国会の常会を東京に召集する」とされます。【例2】の賃金の支払についても、毎月、ある特定の日（例えば二五日）に支払わなければなりません。

なお、「期日」には、訴訟法上、訴訟の当事者が一定の場所に会合して訴訟行為を行う日という、特別の意味合いをもった用法もあります。

> **【例3】**
> **民事訴訟法**（平八法一〇九）
> （期日の呼出し）
> 第九四条①　**期日**の呼出しは、呼出状の送達、当該事件について出頭した者に対する期日の告知その他相当と認める方法によってする。
> ②（略）

▼期限

次に「期限」ですが、これは、ある法律行為の効力の発生・消滅や、行為を履行すべきタイムリミットが、将来発生することの確実な一定の日時の到来にかかっている場合の、その一定の日時のことをいいます。この「期限」には、〝いつから〟効力が発生するのかという「始期」と、〝いつまで〟効力があるのか、あるいは〝いつまでに〟履行するのかという「終期」があります。

【例4】
食品衛生法（昭二二法二三三）
第六五条**【大規模・広域な食中毒の発生等の場合の調査の要請等】** 厚生労働大臣は、食中毒患者等が厚生労働省令で定める数以上発生し、若しくは発生するおそれがある場合……であつて、食品衛生上の危害の発生を防止するため緊急を要するときは、都道府県知事等に対し、**期限**を定めて、食中毒の原因を調査し、調査の結果を報告するように求めることができる。

【例5】
公職選挙法（昭二五法一〇〇）
（当選等の効力の発生）
第一〇二条 当選人の当選の効力（……）は、第百一条第二項……の規定による**告示があつた日から**、生ずるものとする。

【例4】では、厚生労働大臣が知事に対し、〝いつまでに〟という期限（終期）を定めて、調査結果の報告を求めることになります。また【例5】は、当選の効力が、告示のあった日〝から〟生ずるという、始期を定める形になっています。

なお、「期限」には、「確定期限」と「不確定期限」があります。「確定期限」とは、【例6】のように、その期限が、具体的に明確に決まっているものをいいます。

【例6】
国民年金法（昭三四法一四一）
（保険料の納期限）
第九一条 毎月の保険料は、**翌月末日までに**納付しなければならない。

一方、「不確定期限」については、よく解説書などでは、〝死亡するまで……〟のように、発生することは確実ですが、それが具体的にいつなのか不明であるものをいうとされていますが、他にも、次の【例7】のようなものがあります。

【例7】
日本国憲法の改正手続に関する法律（平一九法五一）
（投票、投票録及び開票録の保存）
第八五条　投票は、有効無効を区別し、投票録及び開票録と併せて、市町村の選挙管理委員会において、**第百二十七条の規定による訴訟**〔注…投票無効訴訟〕**が裁判所に係属しなくなった日又は国民投票の期日から五年を経過した日のうちいずれか遅い日まで**、保存しなければならない。

▼期間

最後に「期間」についてですが、これは、「いつから、いつまで」というように、一定の時間的な隔たり、一定の時間の幅を表す用語です。これには、【例9】のように、〇年間と定めるものもあります。

【例8】
司法試験法（昭二四法一四〇）
（司法試験の受験資格等）
第四条①　司法試験は、次の各号に掲げる者が、それぞれ当該各号に定める期間において受けることができる。
一　法科大学院の課程を修了した者　**その修了の日後の最初の四月一日から五年を経過するまでの期間**
二　（略）
②～④　（略）

【例9】
民法（明二九法八九）
（所有権の取得時効）
第一六二条①　**二十年間**、所有の意思をもって、平穏に、かつ、公然と他人の物を占有した者は、その所有権を取得する。
②　（略）

▼見方を変えると……

形の上では「期日」を定めていても、見方を変えると「期限」を定めたものと考えることもできる、といったものもあります。

【例10】
ホームレスの自立の支援等に関する特別措置法（平一四法一〇五）**附則**
（この法律の失効）
第二条　この法律は、**この法律の施行の日から起算して二十五年を経過した日に**、その効力を失う。

【例10】は、この法律が、〝いつ〟失効するかを定めていますので、先ほど説明した「期日」の例だといえます。ただ、見方を変えると、失効の時期が到来するまでは、この法律は効力を持っていますので、〝いつまで〟効力があるかという「期限」を定めたものと考えることもできます。


【例11】

住民基本台帳法（昭四二法八一）

（転入届）

第二二条①　転入（新たに市町村の区域内に住所を定めることをいい、出生による場合を除く。……）をした者は、**転入をした日から十四日以内**に、次に掲げる事項（……）を市町村長に届け出なければならない。

一～七（略）
②（略）

これは、引っ越しをしたときの転入届についての規定ですが、転入届は転入をした日から一四日以内と定められています。この「十四日」は、その始期（ここでは転入をした日）から（翌日起算。❻一一三頁参照）一四日間という「期間」を表すものです。ただ、見方を変えると、一四日「以内に」とありますので、転入をした日から一四日を経過する日〝までに〟転入届を提出しなければならないという「期限」を表すものと考えることもできるでしょう。

9

「第○条の規定による」「第○条に規定する」「第○条の」

「第○条の規定による……」、「第○条に規定する……」、「第○条の……」は、いずれも、第○条を引用することによって「……」の意味を明確にするための用語です。

以下では、その意味するところの違いに応じて、①「第○条の規定による」「第○条の」②「第○条に規定する」「第○条の」という二つのグループに分けて説明します。

なお、「第○条」の部分が「前条」、「第○項」、「前項」等になっても、同じ説明が当てはまります。

▼「第○条の規定による」「第○条の」

まずは、①「第○条の規定による……」と「第○条の……」です。これらは、いずれも、第○条を根拠規定とする「……」であることを示す場合の用語です。

そして、第○条の「……」の部分が、動詞形であるときは「第○条の規定による……」を用い、名詞形であるときは「第○条の……」を用いることとされています。

【例1】を見ると、動詞形の「命ずる」を「第三項の規定による命令」で受け、名詞形の「勧告」を「第一項の勧告」で受けていることが分かります。

【例1】

公益社団法人及び公益財団法人の認定等に関する法律（平一八法四九）

（勧告、命令等）

第二八条① 行政庁は、公益法人について、次条第二項各号のいずれかに該当すると疑うに足りる相当な理由がある場合には、当該公益法人に対し、期限を定めて、必要な措置をとるべき旨の勧告をすることができる。

② （略）

③ 行政庁は、**第一項**の勧告を受けた公益法人が、正当な理由がなく、その勧告に係る措置をとらなかったときは、当該公益法人に対し、その勧告に係る措置をとるべきことを命ずることができる。

④ （略）

⑤ 行政庁は、**第一項**の勧告及び**第三項の規定による**命令をしようとするときは、次の各号に掲げる事由の区分に応じ、当該事由の有無について、当該各号に定める者の

意見を聴くことができる。
一～三　（略）

ところが、実際には、両者はそれほど厳密に使い分けられているわけではありません。【例2】では、動詞形の「命ずる」を「同項の命令」で受け、名詞形の「措置」を「第一項の規定による措置」で受けており、通常の使い分けと逆になっています。

【例2】
自衛隊法（昭二九法一六五）
（弾道ミサイル等に対する破壊措置）
第八二条の三① 防衛大臣は、弾道ミサイル等（……）が我が国に飛来するおそれがあり、その落下による我が国領域における人命又は財産に対する被害を防止するため必要があると認めるときは、内閣総理大臣の承認を得て、自衛隊の部隊に対し、我が国に向けて現に飛来する弾道ミサイル等を我が国領域又は公海（……）の上空において破壊する措置をとるべき旨を命ずることができる。
② 防衛大臣は、前項に規定するおそれがなくなつたと認めるときは、内閣総理大臣の承認を得て、速やかに、**同項の**命令を解除しなければならない。
③・④　（略）
⑤ 内閣総理大臣は、**第一項……の規定による**措置がとられたときは、その結果を、速やかに、国会に報告しなければならない。

▼「第○条に規定する」「第○条の」

次は、②「第○条に規定する……」と「第○条の……」です。これらは、いずれも、第○条において特定の意味内容を持つ語句又は事項を、その特定の意味内容のまま用いることを示す場合の用語です。

「第○条に規定する……」と「第○条の……」は、「第○条の規定による……」と「第○条の……」のような使い分けはなく、ほとんど互換的に用いられます。

【例3】では、二項において、一項に規定された方法での催告を「前項に規定する催告」と、一項に規定された期間を「同項の期間」と表現しています。

【例3】
民法（明二九法八九）
（制限行為能力者の相手方の催告権）
第二〇条① 制限行為能力者の相手方は、その制限行為能力者が行為能力者（行為能力の制限を受けない者をいう。以下同じ。）となった後、その者に対し、一箇月以上の期間を定めて、その期間内にその取り消すことができる行為を追認するかどうかを確答すべき旨の催告をすることができる。この場合において、その者がその期間内に確答を発しないときは、その行為を追認したものとみなす。

② 制限行為能力者の相手方が、制限行為能力者が行為能力者とならない間に、その法定代理人、保佐人又は補助人に対し、その権限内の行為について**前項に規定する**催告をした場合において、これらの者が**同項の**期間内に確答を発しないときも、同項後段と同様とする。

③・④（略）

▼「第○条に規定する場合」「第○条の場合」

先に述べたように、一般論としては、「第○条に規定する……」と「第○条の……」は、ほとんど互換的に用いられます。ところが、「第○条に規定する場合」と「第○条の場合」という形になると、両者は明確に区別して用いられるため、注意が必要です。

どういうことかというと、「第○条に規定する場合」は、第○条のうち、「……場合において」、「……場合において、……ときは」、「……ときは」といった仮定的な条件を示す部分だけを受けるために用いられるのに対し、「第○条の場合」は、第○条全体を包括的に受けて、その追加的・補足的な説明をする場合に用いられるのです。

【例4】では、二項の「前項に規定する場合」は、一項のうちの「契約の更新の後に建物の滅失があった場合」を指しています。したがって、一項と二項は、「契約の更新の後に建物の滅失があった場合」に借地権者・借地権設定者がそれぞれとることができる手段について定めた規定ということになります。

他方、三項の「前二項の場合」は、一項・二項全体を受けています。したがって、三項は、一項・二項の規定に基づき土地の賃貸借の解約の申入れ等があった場合に、三月を経過すれば借地権が消滅する旨を定めた規定ということになります。

【例4】

借地借家法（平三法九〇）

（借地契約の更新後の建物の滅失による解約等）

第八条① 契約の更新の後に建物の滅失があった場合においては、借地権者は、地上権の放棄又は土地の賃貸借の解約の申入れをすることができる。
② **前項に規定する場合**において、借地権者が借地権設定者の承諾を得ないで残存期間を超えて存続すべき建物を築造したときは、借地権設定者は、地上権の消滅の請求又は土地の賃貸借の解約の申入れをすることができる。
③ **前二項の場合**においては、借地権は、地上権の放棄若しくは消滅の請求又は土地の賃貸借の解約の申入れがあった日から三月を経過することによって消滅する。
④・⑤ （略）

10 「協議」「同意」「承認」「合意」

複数の者の間での意思の疎通に関連して、「協議」、「同意」、「承認」、「合意」という用語があります。このうち、「同意」、「承認」、「合意」は、いずれも、主に複数の者の意思が一致する場合に用いられますが、その使い方は、少しずつ異なっています。

▼「協議」

まず「協議」についてですが、これは、複数の者の間で、意見を交換し、意見の一致をみるために行われる合議のことです。国の行政機関の間で調整を行うために協議することもありますし、地方公共団体の施策と国の施策の間の調整が必要な場合に地方公共団体と国が協議することもあります。市町村と都道府県の間で協議する場合もあります。

【例1】
浄化槽法（昭五八法四三）
（浄化槽に関する基準等）
第四条① 環境大臣は、浄化槽から公共用水域等に放流される水の水質について、環境省令で、技術上の基準を定めなければならない。
② 浄化槽の構造基準に関しては、建築基準法並びにこれに基づく命令及び条例で定めるところによる。
③ 前項の構造基準は、これにより第一項の技術上の基準が確保されるものとして定められなければならない。
④ 国土交通大臣は、浄化槽の構造基準を定め、又は変更しようとする場合には、あらかじめ、環境大臣に**協議**しなければならない。
⑤〜⑧ （略）

【例2】
ダイオキシン類対策特別措置法（平一一法一〇五）
（ダイオキシン類土壌汚染対策計画）
第三一条① 都道府県知事は、対策地域を指定したときは、遅滞なく、ダイオキシン類土壌汚染対策計画（以下「対策計画」という。）を定めなければならない。
②・③ （略）

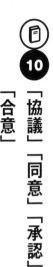

④　都道府県知事は、対策計画を定めようとするときは、環境大臣に**協議**し、その**同意**を得なければならない。
⑤　環境大臣は、前項の**同意**をしようとするときは、関係行政機関の長と**協議**しなければならない。
⑥・⑦（略）

また、私人の間で協議することもあります。

【例3】
民法（明二九法八九）
（協議上の離婚）
第七六三条　夫婦は、その**協議**で、離婚をすることができる。

▼「同意」

次に「同意」についてですが、これは日常用語として用いられる場合とほぼ同じで、他者の行為について賛成の意思を表示することをいいます。

【例4】
会社法（平一七法八六）
（会計監査人の報酬等の決定に関する監査役の関与）
第三九九条①　取締役は、会計監査人又は一時会計監査人の職務を行うべき者の報酬等を定める場合には、監査役（監査役が二人以上ある場合にあっては、その過半数）の**同意**を得なければならない。
②〜④（略）

【例5】
住民基本台帳法（昭四二法八一）
（個人又は法人の申出による住民基本台帳の一部の写しの閲覧）
第一一条の二①〜⑥（略）
⑦　申出者、閲覧者、個人閲覧事項取扱者又は法人閲覧事項取扱者は、本人の事前の**同意**を得ないで、当該閲覧事項を利用目的以外の目的のために利用し、又は当該閲覧事項に係る申出者、閲覧者、個人閲覧事項取扱者及び法人閲覧事項取扱者以外の者に提供してはならない。
⑧〜⑫（略）

これらは、表現は異なっていますが、いずれも他者の同意がなければ一定の行為をすることができない、という意味では共通しています。

では、同意を得なければならないとされているにもかかわらず、同意を得なかった又は得られなかった場合はどうなるのでしょうか。

同意なしに行った行為について無効とされている例としては、次のようなものがあります。

【例6】
民事再生法（平一一法二二五）
（監督命令）
第五四条① 裁判所は、再生手続開始の申立てがあった場合において、必要があると認めるときは、利害関係人の申立てにより又は職権で、監督委員による監督を命ずる処分をすることができる。
② 裁判所は、前項の処分（以下「監督命令」という。）をする場合には、当該監督命令において、一人又は数人の監督委員を選任し、かつ、その**同意**を得なければ再生債務者がすることができない行為を指定しなければならない。
③ （略）
④ 第二項に規定する監督委員の**同意**を得ないでした行為は、無効とする。ただし、これをもって善意の第三者に対抗することができない。
⑤〜⑦ （略）

一方、同意なしに行った行為について、取り消すことができるとされている代表例としては、未成年者の行為が挙げられます。

【例7】
民法
（未成年者の法律行為）
第五条① 未成年者が法律行為をするには、その法定代理人の**同意**を得なければならない。ただし、単に権利を得、又は義務を免れる法律行為については、この限りでない。
② 前項の規定に反する法律行為は、取り消すことができる。
③ （略）

このほか、別途、同意を担保するための仕組みが設けられている場合もあります。【例5】のケースで、本人の事前の同意なしに住民基本台帳の一部の写しの閲覧により知り得た事項を目的外利用したり、第三者に提供したりした場合について、過料の規定が設けられているほか（住民基本台帳法五〇条）、市町村長による勧告や命令の対象となる場合があり（同法一一条の二第七項から九項まで）、この命令に違反した場合の刑事罰の規定も設けられています（同法四五条）。

▼「承認」

続いて、同意とよく似た用語として、「承認」があります。公法上「承認」という言葉が用いられる場合は、国や地方公共団体の機関が他者の行為について同意することを指します。

【例8】
日本国憲法
第三条【天皇の国事行為に対する内閣の助言と承認】 天皇の国事に関するすべての行為には、内閣の助言と**承認**を必要とし、内閣が、その責任を負ふ。

天皇は、内閣の助言と承認なしに国事行為を行うことはできません。このように、承認がなければ一定の行為をすることができないという例は、同意の場合と同様、数多くあります。

承認の中には、事前ではなく、事後に行われるものもあります。その場合は、事後的に承認が得られなかったときにどうすべきかについても法律上規定されます。

【例9】
自衛隊法（昭二九法一六五）
（命令による治安出動）
第七八条① 内閣総理大臣は、間接侵略その他の緊急事態に際して、一般の警察力をもつては、治安を維持することができないと認められる場合には、自衛隊の全部又は一部の出動を命ずることができる。
② 内閣総理大臣は、前項の規定による出動を命じた場合には、出動を命じた日から二十日以内に国会に付議して、その**承認**を求めなければならない。ただし、国会が閉会中の場合又は衆議院が解散されている場合には、その後最初に召集される国会において、すみやかに、その**承認**を求めなければならない。
③ 内閣総理大臣は、前項の場合において**不承認**の議決があつたとき、又は出動の必要がなくなつたときは、すみやかに、自衛隊の撤収を命じなければならない。

また、先に説明した「同意」の中でも、いわゆる国会同意人事と呼ばれるものは、原則は、任命に先立って両院の事前「同意」を得ることが必要なのですが、国会が閉会中などの場合には、両院の事後「承認」を得ることで任命することができるとされています。

【例10】
食品安全基本法（平一五法四八）
（委員の任命）
第二九条① 委員は、食品の安全性の確保に関して優れた識見を有する者のうちから、両議院の**同意**を得て、内閣総理大臣が任命する。
② 委員の任期が満了し、又は欠員が生じた場合において、国会の閉会又は衆議院の解散のために両議院の**同意**を得ることができないときは、内閣総理大臣は、前項の規定にかかわらず、同項に定める資格を有する者のうちから、委員を任命することができる。
③ 前項の場合においては、任命後最初の国会で両議院の事後の**承認**を得なければならない。この場合において、両議院の事後の**承認**を得られないときは、内閣総理大臣は、直ちにその委員を罷免しなければならない。

一方、私法上においては、同意・賛成という意味ではなく、一定の事実を認めることを指します。

【例11】
民法
（承認による時効の更新）
第一五二条① 時効は、権利の**承認**があったときは、その時から新たにその進行を始める。
② （略）

例えば、権利の承認は、権利に賛成するという意味ではなく、権利が存在するという事実を認めるという意味で、その場合には、時効は新たに進行を開始します。
このほか、相続などを受諾する旨の意思表示の意味で用いられることもあります。

【例12】
民法
（相続の承認又は放棄をすべき期間）
第九一五条① 相続人は、自己のために相続の開始があったことを知った時から三箇月以内に、相続について、単純若しくは限定の**承認**又は放棄をしなければならない。（以下略）
② （略）

▼「合意」

最後に「合意」についてですが、これは、当事者の意思が合致することを指します。同意とは異なり、一方の意思決定に対し他方が賛成するというものではなく、対等の関係です。

【例13】

日本国憲法

第二四条【家族生活における個人の尊厳と両性の平等】① 婚姻は、両性の**合意**のみに基いて成立し、夫婦が同等の権利を有することを基本として、相互の協力により、維持されなければならない。

② （略）

【例14】

労働契約法（平一九法一二八）

（労働契約の原則）

第三条① 労働契約は、労働者及び使用者が対等の立場における**合意**に基づいて締結し、又は変更すべきものとする。

②〜⑤ （略）

婚姻関係を結ぶ男女、そして労働契約を結ぶ労働者と使用者が、いずれも対等の立場であること（皆さんの実感と同じでしょうか⁉）、それが、「同意」ではなく「合意」という用語が使われている理由なのです。

11 「推定する」「みなす」

「推定する」と「みなす」は、日常用語とは異なり、法令で使われる場合には、はっきりとした違いがあります。

▼「推定する」

法令用語でいう「推定する」とは、当事者間に取決めがない場合や、事実が不明で反対の証拠が挙がらない場合などに、法令が自ら「一応こうである」という判断を下し、法的効果を生じさせることをいいます。したがって、当事者間に別段の取決めがあったり、反対の事実が判明したりした場合には、推定が覆され、この当事者間の取決めや反対の事実に基づいて処理されることになります。

では、立法例をいくつか見てみましょう。

【例1】
民法（明二九法八九）
（占有の態様等に関する推定）
第一八六条① 占有者は、所有の意思をもって、善意で、平穏に、かつ、公然と占有をするものと**推定する。**
② （略）

【例1】は、占有の態様に関する推定規定です。

この例では、法律上、占有者であれば、一応、所有の意思をもって、善意で、平穏に、かつ、公然と占有をするものと評価されます。この規定により、時効取得（民法一六二条）や即時取得（同法一九二条）との関係で、有利な効果をひとまず与えられることとなります。しかし、例えば占有開始時に悪意であったことを証する事実が判明したような場合には、占有者が善意との推定の効果は発生しないことになります。

【例2】
民法
（嫡出の推定）
第七七二条① 妻が婚姻中に懐胎した子は、夫の子と**推定する。**
② （略）

【例2】は、嫡出推定の規定です。これは、妻が婚姻中に懐胎した場合には、普通に考えて夫の子である蓋然性が高いため、法律上、一応、その子を夫の子として評価することにしたと考えられます。その結果、その子は、嫡出子であるとの推定を受けることになります。

しかし、現実問題として、婚姻中に懐胎した子が夫の子でない場合もあり得ます。このような場合、例えば嫡出否認の訴え（民法七七四条・七七五条）で夫の子でないことが明らかになれば、この推定の効果は覆ることとなり、嫡出子として扱われません。

【例3】
会社法（平一七法八六）
（取締役会の決議）
第三六九条①〜④（略）
⑤　取締役会の決議に参加した取締役であって第三項の議事録に異議をとどめないものは、その決議に賛成したものと**推定する。**

同じく推定規定の例ですが、【例3】は、【例1】、【例2】とは、やや趣が異なります。【例3】は、取締役の取締役会での決議に対する賛否に関する推定規定ですが、この規定により、ある決議が議題となった取締役会の議事録に異議をとどめない取締役は、その決議に賛成したと、法律上は一応評価されることになります。その結果、場合によっては、損害賠償責任を負うことにもなり得ます（会社法四二三条三項三号）。もちろん、何らかの形で、その取締役が取締役会で反対していたとの反証ができれば、賛成したとの推定の効果は覆ります。

【例1】や【例2】の場合は、経験則上、いわば本来の権利者、本来保護されるべき者としての蓋然性が高い者の利益保護のための推定規定という見方ができます。他方、【例3】は、取締役会の議事録上、きっちりと反対の意思を示していない限り損害賠償責任を負う可能性が非常に高くなる。逆にいえば、そうならないよう、もし反対ならば、議事録上記録に残る形で異議をとどめておきなさい、さもないと不利益を被りますよ、という方向に誘導するための推定規定であるという見方もできそうです。

▼「みなす」

次に、「みなす」について説明しましょう。

法令における「みなす」の意味は、本来性質が違うものを、ある一定の法律関係において同一のものとして法律が認め、同一の法律効果を生じさせることをいいます。「推定する」と似た場面で使われることもありますが、「推定する」は当事者間での取決めや反証があれば法令上の推定が覆るのに対し、「みなす」は当事者間での取決めや反証があっても、あるいは事実がどうであっても、その法律上の認定と異なる判断をすることはできない点にあります。

　では、立法例をいくつか見てみましょう。

【例4】
民法
（損害賠償請求権に関する胎児の権利能力）
第七二一条　胎児は、損害賠償の請求権については、既に生まれたものと**みなす**。

【例4】は、胎児に損害賠償請求権を認める規定です。私権の享有は出生に始まるのが原則ですが（民法三条一項）、まだ出生していない胎児を既に出生しているものと扱うことにより、胎児も損害賠償の請求が可能となります。

　なお、胎児についてはこの【例4】のほか、相続についても既に生まれたものとみなすこととされています（同法八八六条一項）。

【例5】
道路交通法（昭三五法一〇五）
（放置車両確認機関）
第五一条の一二①～⑥（略）
⑦　確認事務に従事する放置車両確認機関の役員又は職員は、刑法（明治四十年法律第四十五号）その他の罰則の適用に関しては、法令により公務に従事する職員と**みなす**。
⑧（略）

【例5】は、いわゆる「みなし公務員」といわれる立法例です。「みなし公務員」とは、公務員ではありませんが、公共性のある職務に従事するため、法律上公務員として扱われる者のことです。この例は、罰則の適用については、放置車両の確認機関の役員又は職員を、法律上、公務員として確定的に評価する、という旨の規定です。この規定により、放置車両の確認作業中の職員の業務を妨害すれば、威力（偽計）業務妨害罪ではなく公務執行妨害罪が成立しますし、確認機関の役員又は職員の職務に関し金品の授受が行われると、収賄罪や贈賄罪が成立することになります。

【例6】
会社法
（表見支配人）
第一三条　会社の本店又は支店の事業の主任者であることを示す名称を付した使用人は、当該本店又は支店の事業に関し、一切の裁判外の行為をする権限を有するものと**みなす**。ただし、相手方が悪意であったときは、この限りでない。

【例4】、【例5】は、事実とは明らかに異なるものを法律上はこうだとする、いわば「法律上の決め」という例ですが、これに対し【例6】は、ある一定の事柄について、仮に事実はそうでなかったとしても法令が認めたとおりの効果が生ずることになる、という例です。この例は、いわゆる、「表見法理」といわれるもので、商取引において、取引の安全を確保して相手方を保護するための規定です。主任者であることを示す名称を付した使用人については、実際には権限外の行為であったとしても、この規定により、権限を有していたことにされてしまいます。「みなす」とされている以上、いくら使用人の権限が制限されていたことを主張してその事実が立証されたとしても、その法的効果を覆すことはできません。

【例6】の場合、ただし書で、相手方が悪意である場合にはこの限りでないとされているため、一見したところ推定規定と似ているように思われるかもしれません。しかしこれは、相手方の悪意という、本来、取引の安全を考慮する必要がない場合についての適用除外を規定したに過ぎないのであって、推定規定のように、真の事実が判明した場合には（相手方の善意・悪意に関係なく）結論がひっくり返るのとは、やはり異なるものであるといわざるを得ません。

12 「科する」「課する」

「科する」と「課する」は、どちらも「かする」と読みますし、普段、あまり意識して使い分けることはないかと思いますが、法令用語としては、使われる場面がそれぞれ異なっています。

▼「科する」

法令用語としての「科する」は、懲役刑や罰金刑などの「刑罰」や、秩序違反に対する制裁である「過料」をかける場合などに用いられます。条文の読み合わせなどの際、「課する」と区別するため、あえて「トガする」と読んだりもします。

【例1】
日本国憲法
第三一条【法定の手続の保障】何人も、法律の定める手続によらなければ、その生命若しくは自由を奪はれ、又はその他の刑罰を**科せられない**。

【例2】
道路交通法（昭三五法一〇五）
第一二三条　法人の代表者又は法人若しくは人の代理人、使用人その他の従業者が、その法人又は人の業務に関し、第百十七条の二第二項……の違反行為をしたときは、行為者を罰するほか、その法人又は人に対しても、各本条の罰金刑又は科料刑を**科する**。

【例3】
地方自治法（昭二二法六七）
第一五条【規則】①（略）
② 普通地方公共団体の長は、法令に特別の定めがあるものを除くほか、普通地方公共団体の規則中に、規則に違反した者に対し、五万円以下の過料を**科する**旨の規定を設けることができる。

刑罰や過料のような典型的な例のほか、【例4】のように、構成員に対する規律維持のために行われるものも、その制裁的な性質にかんがみ、「科する」が用いられています。

【例4】
地方自治法
第一三四条【懲罰理由等】① 普通地方公共団体の議会は、この法律並びに会議規則及び委員会に関する条例に違反した議員に対し、議決により懲罰を**科する**ことができる。
② （略）

似たような場面で使われる別の用語に、「処する」というのがあります。次の【例5】を見ると分かるように、「科する」よりも具体的な場面で用いられます。すなわち、「科する」が、刑罰などを「抽象的に」かけることを表現するときに用いられるのに対し、「具体的に」罪となるべき行為とこれに対する刑罰とを規定するような場合には、「処する」が用いられるのです。

【例5】
刑法（明四〇法四五）
（殺人）
第一九九条 人を殺した者は、死刑又は無期若しくは五年以上の懲役に**処する**。

▼「課する」

一方、「課する」の方は、制裁的な意味合いではなく、国や地方公共団体などが、国民、住民等に対し、租税や、義務などの負担をかけたりする場合に用いられます。【例6】は、消費税の課税の根拠規定であり、【例7】は、「被災者生活再建支援金」が非課税とされる根拠規定です。また、【例8】は、許可等に付する条件等、いわゆる附款に関する規定です。

【例6】
消費税法（昭六三法一〇八）
（課税の対象）
第四条① 国内において事業者が行った資産の譲渡等（……）及び特定仕入れ（……）には、この法律により、消費税を**課する**。
②～⑦ （略）

【例7】
被災者生活再建支援法（平一〇法六六）
（公課の禁止）
第二一条 租税その他の公課は、支援金として支給を受けた金銭を標準として、**課する**ことができない。

【例8】

医薬品、医療機器等の品質、有効性及び安全性の確保等に関する法律（昭三五法一四五）

（許可等の条件）

第七九条① この法律に規定する許可、認定又は承認には、条件又は期限を付し、及びこれを変更することができる。

② 前項の条件又は期限は、保健衛生上の危害の発生を防止するため必要な最小限度のものに限り、かつ、許可、認定又は承認を受ける者に対し不当な義務を**課する**こととなるものであってはならない。

【例9】は、同じ「課する」でも、内容的には、「科する」と「課する」の中間に位置するといえそうな例です。義務を怠った構成員に対し、制裁として「過怠金」をかける場合の例で、ほかにも、農業協同組合などでも見られる立法例です。「過怠金」の持つ、規律違反に対する制裁的な性格からすれば、「科する」を用いてもよさそうなケースですが、それでも、これらの例では、制裁というより、金銭的な負担という面に着目して、「課する」が用いられているようです。

【例9】

消費生活協同組合法（昭二三法二〇〇）

（過怠金）

第一八条 組合は、組合員が出資の払込みを怠ったときは、定款の定めるところにより、その者に対して過怠金を**課する**ことができる。

もっとも、金銭の負担について規定する場合に、必ず「課する」という言葉が用いられるわけではありません。国民から金銭を徴収する場合であっても、国や地方公共団体等が他人のために行う公の役務に対し、その費用を賄うために徴収する「手数料」のようなものについては、「課する」という用語は用いられません。【例10】は、パスポートの発給手数料について定めた規定です。

【例10】

旅券法（昭二六法二六七）

（手数料）

第二〇条① 国内において次の各号に掲げる処分の申請をする者は、政令で定めるところにより、当該各号に定める額の手数料を国に納付しなければならない。

一 第五条第一項本文の一般旅券の発給 一万四千円

二～六（略）

② 都道府県は、国内において前項第一号から第五号までに掲げる処分の申請をする者から条例で定めるところにより手数料を徴収することができる。（以下略）

③～⑥（略）

これに関連して、交通違反に対する「反則金」について少し触れておきましょう。皆さんの中には、スピード違反などの取締りで、反則金を取られた方もいるかもしれませんが、この反則金、道路交通法の規定上、どこを見ても、「科する」も、「処する」も、「課する」も使われていないのです。罰金等の刑罰や過料、租税等の金銭負担とは異なる、「反則金」独特の性格が、道路交通法の規定ぶりにも反映されている、とは考えられないでしょうか。次の【例11】や、道路交通法の他の関連規定などに実際に当たってみて、自分たちで考えてみるのも有益ではないかと思います。

【例11】

道路交通法

（反則金の納付）

第一二八条① 前条第一項又は第二項後段の規定による通告に係る反則金（……）の納付は、当該通告を受けた日の翌日から起算して十日以内（……）に、政令で定めるところにより、国に対してしなければならない。

② 前項の規定により反則金を納付した者は、当該通告の理由となつた行為に係る事件について、公訴を提起されず、又は家庭裁判所の審判に付されない。

13 「公布」「施行」「適用」

法律は、国会において制定されるのはご存知のとおりですが、その規定が法規範としての効力を持つためには、成立した法律が、官報への登載により「公布」され、その法律の附則で定める施行期日に「施行」されなければなりません。

また、新しい法律がどのような事象に対して「適用」されるか、施行期日を定めただけでは明らかにならない場合には、さらに適用区分に関する規定が設けられることもあります。

▼「公布」について

法律の「公布」とは、成立した法律を国民に周知させる目的で、当該法律を公示する行為をいいます。憲法七条一号は、天皇の国事行為として、法律の公布について定めています。法律が成立すると、最後の議決があった議院の議長から、内閣を経由して奏上され、奏上の日から三〇日以内に公布しなければならないとされています（国会法六五条・六六条）。

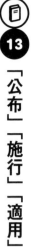

公布は、官報に登載することによって行われることは冒頭に述べたとおりですが、この官報への登載は、一定の形式にのっとって行われます。裁判員制度について定めた法律を例として、冒頭と末尾の部分を見てみましょう。

【例1】
　裁判員の参加する刑事裁判に関する法律をここに公布する。…①
　　御　名　御　璽…②
　　　平成十六年五月二十八日
　　　　　　　　　内閣総理大臣　小泉純一郎…③
法律第六十三号…④
　　裁判員の参加する刑事裁判に関する法律…⑤
〔以下、法律の内容〕
　　　　　　　　　総務大臣　麻生　太郎
　　　　　　　　　法務大臣　野沢　太三
　　　　　　　　　内閣総理大臣　小泉純一郎…⑥

法律の公布に当たっては、冒頭に①のような公布文が付され、これに天皇が親署の上、御璽を押し（官報ではこれを②のように表現しています）、その横に年月日を記入して、内閣総理大臣がこれに副署します（③）。

④は、法律番号といわれるものです。暦年ごとに第一号から順番に付けられます（第1部二四頁参照）。

⑤の題名以下が、公布される法律の内容となります。末尾には、主任の国務大臣が署名し、内閣総理大臣が連署することとされています（⑥、憲法七四条）。「総務大臣」と「法務大臣」の順番は、建制順（内閣府を筆頭とし、その他の省庁については国家行政組織法別表第一に掲げられた順番）によっています。

▼「施行」について

法律は、「公布」されても、それだけでは法規範としての効力が発動されるわけではありません。法律が「施行」されることにより、その規定の効力が現実に一般的に発動し、作用することになるのです。

法律がいつ施行されるかは、当該法律の附則で定められます。施行期日の定め方としては、おおよそ次のような方法があります。

(1) 「**公布**の日から**施行**する」とするもの。

(2) 「**公布**の日から起算して○月（日、年）を経過した日から**施行**する」とするもの。

(3) 「○年○月○日から**施行**する」とするもの。

(4) 他の法律や政令に定めを委ねるもの。これには、「別に法律で定める日から**施行**する」、「**公布**の日から起算して○月を超えない範囲内において政令で定める日から**施行**する」などの形があります。

(5) 他の法律の効力発生や特定の事実の発生に係らせるもの。これには、「○○法の施行の日から**施行**する」、「次の常会の召集の日から**施行**する」などの形があります。

実際の法律の立案に当たっては、(1)〜(5)の方法を使い分けることが必要となり、また、一つの法律について、各規定ごとに施行期日を分けることもあります。こちらも、裁判員制度について定めた法律を例に見てみましょう。

【例2】

裁判員の参加する刑事裁判に関する法律（平一六法六三）

附則

（施行期日）

第一条　この法律は、**公布**の日から起算して五年を超えない範囲内において政令で定める日から**施行**する〈①〉。ただし、次の各号に掲げる規定は、当該各号に定める日から**施行**する。

一　次条及び附則第三条の規定　**公布**の日〈②〉

二　第二十条から第二十三条まで、第二十五条……の規定　**公布**の日から起算して四年六月を超えない範囲内において政令で定める日〈③〉

三　第十七条第九号の規定（審査補助員に係る部分に限る。）刑事訴訟法等の一部を改正する法律（……）附則第一条第二号に定める日又はこの法律の**施行**の日のいずれか遅い日〈④〉

四（略）

①は、この法律の規定の大部分についての原則的な施行期日で、⑷の、政令に委ねる方法により定められています。「裁判員制度が平成二一年五月二一日からスタートした」といわれるのは、①に基づく政令においてそのように定められているからなのです。

②で掲げられている規定は、裁判員制度についての広報活動などに関して定めた規定です。様々なパンフレットやビデオが作成されたり、あるいは「サイバンインコ」などの「ゆるキャラ」が登場したのを覚えている方もいらっしゃるかもしれませんが、それはともかくとして、こうした広報活動などは、裁判員制度本体の施行に先行して行われる必要があったため、関連する規定が「公布の日」施行となっています。

③で掲げられている規定は、裁判員候補者名簿の調製手続に関連する規定ですが、これらの手続が裁判員制度そのものに先立って実施される必要がある、すなわち、裁判員制度施行後速やかに対象事件について裁判員が選任されるためには、施行前に裁判員候補者名簿を調製しておく必要があったため、①よりも六か月先行して施行されています。

④は、⑸の応用ともいえるような形態ですが、ある法律と別の法律のどちらが先に施行されるかが確定していない場合、いずれが先に施行されても支障がないようにする趣旨で、技術的な整理のために、このような施行期日の定め方がされるときがあります。

もう一つ、「公布」と「施行」の関係について、お話しします。未施行の法律は、いまだ法規範としての力は持っていないのですが、そのような状態でも、他の法律によって改正されることがあります。「裁判員の参加する刑事裁判に関する法律」は、その施行前に、「裁判員の参加する刑事裁判に関する法律等の一部を改正する法律」（平一九法六〇）によって、五章（区分審理決定がされた場合の審理及び裁判の特例等）の追加などの改正が行われています。つまり、「裁判員の参加する刑事裁判に関する法律」は、その施行時には既に、制定（公布）当時の形ではなく、その後の改正が織り込まれた形になっていたわけです。

▼「適用」について

「施行」が法律の規定の効力の発動という一般的概念であるのに対して、法律の「適用」とは、法律の規定が、個別具体的に、特定の人や事項について現実に発動し、作用することをいいます（「適用」と「準用」の関係については、㉓一八九頁参照）。

法律の制定に当たっては、施行期日を定めれば、施行期日以後に生じた事項に対して適用されることになり、適用関係についてそれ以上の規定を置く必要がないことも多いのですが、施行期日を定めただけでは、新旧（改正後・改正前）の法律の適用が不明確で、どちらを適用すればよいのか分からないという場合もあります。このような場合に、適用区分に関する規定が置かれることがあります。

【例3】

遺失物法（平一八法七三）**附則**

（経過措置）

第二条① 改正後の遺失物法の規定及び次条の規定による改正後の民法第二百四十条の規定は、この法律の施行前に拾得をされた物件……であって、この法律の施行の際現に旧法〔＝改正前の遺失物法〕第一条第一項……の規定により警察署長に差し出されていないものについても**適用**する。

② この法律の施行の際現に旧法第一条第一項……の規定により警察署長に差し出されている物件については、なお従前の例による。

遺失物法は、旧遺失物法の全部を改正するとともに、民法二四〇条を改正して、拾得者が所有権を取得するまでの期間を「六箇月」から「三箇月」に短縮しています。このような改正について、施行期日を定めただけでは、拾得→警察署長への差出し→公告→所定の期間の経過といった一連の段階の途中で施行期日を迎えた物件について、新旧どちらの法律を適用すればよいのか迷うことがあるかもしれません。施行日前後に財布を拾って届けた人が、いつ自分のものになるのか分からないのでは、後々争いの元にもなりかねませんね。そこで、【例３】のような規定により、新旧法律の適用関係を定めているのです。この例では、施行前に拾った場合、すぐに警察に届けると六か月待たされるのに対し、うっかりしていて警察に届けるのが施行後になると、逆に三か月で自分のものになる可能性があることになります。ただし、拾得者は「速やかに」遺失者に返還し、又は警察署長に提出しなければならない（四条一項）とも規定されていますので、意図的に提出を遅らせてはいけません（「速やかに」については、❼一一六頁参照）。

もう一つ、これまで裁判員制度の例を見てきましたので、裁判員制度施行時の経過措置を紹介します。

【例４】

裁判員の参加する刑事裁判に関する法律附則

（経過措置）

第四条① この法律の施行の際現に係属している事件については、第二条第一項及び第四条の規定は**適用**しない。

（以下略）

②・③（略）

この例は、裁判員制度施行の際、既に係属している事件については、裁判員制度施行後も、従来どおり裁判官のみの合議体で取り扱うことを定めています。係属中の事件の審理に、法施行後、いきなり途中から裁判員が参加するような扱いにするのは適当ではないなどの理由で、このような適用関係が定められています。

14 「とする」「ものとする」「しなければならない」

「とする」、「ものとする」、「しなければならない」は、いずれも、規範の強度を明確にする法令用語ですが、その用いられ方には違いがあります。

▼「とする」

まずは、「とする」です。この「とする」は、①法規範の内容に、創設的であるとともに、拘束的な意味を持たせようとする場合に用いられます。また、②ある規定の適用があることを前提に、その内容の一部を変更して適用しようとする、いわゆる変更適用の規定の中で慣用的に用いられたり、③「同様とする」「常例とする」といった法令用語の一部を構成していることもあります（なお、「同様とする」については、㉓一九三頁参照）。

【例1】
会社法（平一七法八六）
（取締役の任期）
第三三二条①　取締役の任期は、選任後二年以内に終了する事業年度のうち最終のものに関する定時株主総会の終結の時までと**とする**。ただし、定款又は株主総会の決議によって、その任期を短縮することを妨げない。
②（略）
③　監査等委員会設置会社の取締役（監査等委員であるものを除く。）についての第一項の規定の適用については、同項中「二年」とあるのは、「一年」**とする**。
④〜⑦（略）

【例1】は、取締役の任期に関する規定です。三三二条一項の規定により定められた取締役の任期は、定款又は株主総会の決議による短縮は認められるものの、伸長は認められず、創設的であるとともに、拘束的意味合いがあります。

また、同条三項の規定により、監査等委員会設置会社については、株式会社一般に関する一項の規定が変更して適用され、取締役の任期は、原則一年ということになります。このいわゆる変更適用の規定は、法令中に数多く見受けられます。

> **【例2】**
> **財政法**（昭二二法三四）
> **第二七条**　内閣は、毎会計年度の予算を、前年度の一月中に、国会に提出するのを**常例とする。**

【例2】では、「常例とする」という法令用語が用いられています。この「常例とする」又は「例とする」は、その規定に定められた一定の事項を通常行うべきであるが、仮にそれを行わなくても法律上の義務違反には問われないことを簡潔に表現する用語として用いられています。【例2】では、毎会計年度の予算の国会への提出時期を前年度の一月中と規定していますが、これに違背することを絶対に許さないものではないことを「常例とする」という用語で表しています。

▼「ものとする」

次は、「ものとする」です。この「ものとする」は、まず、①一定の義務付けを、後述する「しなければならない」よりも弱いニュアンスを持たせて規定しようとするとき、とりわけ行政機関に対して義務付けをしようとする場合に用いられます。そのほか、②物事の原則を示そうとするとき、③解釈上の疑義を避けるために、当然のことを念のため規定するものであることを表そうとするとき、更には、④ある事項に関する規定を他の類似する事項について当てはめる、いわゆる準用規定における読替規定においても用いられます。

> **【例3】**
> **高齢者、障害者等の移動等の円滑化の促進に関する法律**（平一八法九一）
> （基本方針）
> **第三条①**　主務大臣は、移動等円滑化を総合的かつ計画的に推進するため、移動等円滑化の促進に関する基本方針（以下「基本方針」という。）を定める**ものとする。**
> ②　（略）
> ③　主務大臣は、情勢の推移により必要が生じたときは、基本方針を変更する**ものとする。**
> ④　（略）

【例3】は、主務大臣に対し、バリアフリー化の促進に関する基本方針の策定を義務付けた規定です。行政機関であれば強い義務付けまではしなくても足りるであろうということで、比較的弱いニュアンスの「ものとする」が、多く使われます。しかし、行政機関に対する場合であっても、明確な義務付けをしようとするときは、後出の「しなければならない」が用いられます。

【例4】
刑事訴訟法（昭二三法一三一）
第九条**【関連事件】**① 数個の事件は、左の場合に関連する**ものとする**。
一 一人が数罪を犯したとき。
二 数人が共に同一又は別個の罪を犯したとき。
三 数人が通謀して各別に罪を犯したとき。
② （略）

【例5】
労働組合法（昭二四法一七四）
（目的）
第一条① （略）
② 刑法（明治四十年法律第四十五号）第三十五条の規定は、労働組合の団体交渉その他の行為であつて前項に掲げる目的を達成するためにした正当なものについて適用がある**ものとする**。但し、いかなる場合においても、暴力の行使は、労働組合の正当な行為と解釈されてはならない。

【例4】は、併合管轄等のもととなる関連事件についての原則を規定しています。もっとも、この場合、原則といっても、例外が認められるものではありません。
【例5】は、憲法二八条の規定を前提に、労働組合の正当な行為については、刑法三五条の正当行為に関する規定が適用され、処罰されないという当然のことを確認的に規定しています。

【例6】
会社法
（株主総会に関する規定の準用）
第三二五条 前款（……）の規定は、種類株主総会について準用する。この場合において、第二百九十七条第一項中「総株主」とあるのは「総株主（ある種類の株式の株主に限る。……）」と、「株主は」とあるのは「株主（ある種類の株式の株主に限る。……）は」と読み替える**ものとする**。

【例6】は、準用規定における読替規定の例です。株主総会に関する規定を種類株主総会に準用するに当たって、株式会社に関する規定中の株主を、種類株主と読み替えることとしています。

▼「しなければならない」

最後は、「しなければならない」です。この「しなければならない」は、国民や行政機関に対して一定の作為を義務付けようとするときに使われる用語です。

【例7】 風俗営業等の規制及び業務の適正化等に関する法律（昭二三法一二二）

（営業の許可）

第三条① 風俗営業を営もうとする者は、風俗営業の種別（……）に応じて、営業所ごとに、当該営業所の所在地を管轄する都道府県公安委員会（……）の許可を受け**なければならない**。

② （略）

第四九条 次の各号のいずれかに該当する者は、二年以下の懲役若しくは二百万円以下の罰金に処し、又はこれを併科する。

一 第三条第一項の規定に違反して同項の許可を受けないで風俗営業を営んだ者

二～七 （略）

【例7】は、風俗営業を営もうとする者に対し、都道府県公安委員会の許可を受けることを義務付けています。義務規定に違反した場合に、どのような制裁措置が設けられるかは、法令により異なりますが、この風営法三条一項の規定に違反した場合には、四九条一号の規定（無許可営業の罪）により処罰の対象とされます。

【例8】 行政機関の保有する情報の公開に関する法律（平一一法四二）

（行政文書の開示義務）

第五条 行政機関の長は、開示請求があったときは、開示請求に係る行政文書に次の各号に掲げる情報（……）のいずれかが記録されている場合を除き、開示請求者に対し、当該行政文書を開示**しなければならない**。

一～六 （略）

（地方公共団体の情報公開）

第二五条 地方公共団体は、この法律の趣旨にのっとり、その保有する情報の公開に関し必要な施策を策定し、及

び これを実施するよう努め**なければならない。**

【例8】では、五条において、行政機関の長に対し、一定の不開示情報が記録されている場合を除いて、行政文書を開示すべき旨を明確に規定するため、「しなければならない」が用いられています。二五条においては、「……努めなければならない」という表現が用いられていますが、これは、努力する義務を課するにとどまるもので、明確な義務付けを行うものではありません。地方公共団体の情報公開については、地方の自主性を尊重する観点から、地方公共団体の努力義務として規定されています。

15 「……してはならない」「……することができない」

「……してはならない」と「……することができない」は、よく似た言葉で、しかも、どちらも法令用語としてよく見かけます。

▼「……してはならない」

「……してはならない」は、一定の行為の禁止、すなわち不作為の義務を課すことを表します。

【例1】
医薬品、医療機器等の品質、有効性及び安全性の確保等に関する法律（昭三五法一四五）
（医薬品の販売業の許可）
第二四条① 薬局開設者又は医薬品の販売業の許可を受けた者でなければ、業として、医薬品を販売し、授与し、又は販売若しくは授与の目的で貯蔵し、若しくは陳列（……）**してはならない**。（以下略）
② （略）

【例2】
労働基準法（昭二二法四九）
（契約期間等）
第一四条① 労働契約は、期間の定めのないものを除き、一定の事業の完了に必要な期間を定めるもののほかは、三年（次の各号のいずれかに該当する労働契約にあつては、五年）を超える期間について締結**してはならない**。
一・二 （略）
②・③ （略）

では、この「……してはならない」という規定に違反した場合にはどうなるでしょうか。不作為の義務を課しているのですから、この義務をどのようにして担保するかが重要になります。

まず、「……してはならない」という規定に違反する行為は、罰則の対象になることがあります。【例1】の規定に違反した者は、三年以下の懲役若しくは三〇〇万円以下の罰金に処し、又はこれを併科すると定められています（医薬品、医療機器等の品質、有効性及び安全性の確保等に関する法律八四条九号）。【例2】の規定に違反した者についても、三〇万円以下の罰金に処すると定められています（労働基準法一二〇条一号）。

罰則以外の制裁措置（例えば、許可の取消し、営業停止など）が定められているものもあります。


【例3】

貸金業法（昭五八法三二）

（名義貸しの禁止）

第一二条　第三条第一項の登録を受けた者は、自己の名義をもつて、他人に貸金業を営ませて**はならない**。

（登録の取消し）

第二四条の六の五①　内閣総理大臣又は都道府県知事は、その登録を受けた貸金業者が次の各号のいずれかに該当する場合においては、その登録を取り消さなければならない。

一～三（略）
四　第十二条の規定に違反したとき。
五（略）
②（略）

【例3】に挙げた貸金業法一二条違反に対しては、別途、罰則も定められていますが（同法四七条三号）、右の例のように、同法では、貸金業の登録の取消しについても定めています。

また、反対に、違反した場合の制裁措置が法律上定められていないものもあります。

【例4】
公益通報者保護法（平一六法一二二）
（不利益取扱いの禁止）
第五条①　第三条に規定するもののほか、第二条第一項第一号に定める事業者は、その使用し、又は使用していた公益通報者が第三条各号に定める公益通報をしたことを理由として、当該公益通報者に対して、降格、減給、退職金の不支給その他不利益な取扱いを**してはならない**。
②・③（略）

【例4】の規定に違反した場合の罰則等の制裁措置は公益通報者保護法には規定されていませんが、公益通報者が不利益な取扱いを受けた場合、本条違反を理由として、一般法である民法の不法行為による損害賠償請求をすることができると解されています。

罰則を置くか、罰則以外の制裁措置を置くか、あるいはそれらを置かないかは、ケースバイケースです。諸々の事情を考え、禁止の実効性を確保するために適切なものが選ばれます。

では、このような禁止規定に違反して、例えば売買等の法律行為がなされた場合、その法律行為の効力はどうなるでしょうか。

この場合、違反があっても、法律行為の効力そのものには直接影響しない、とされています。例えば、【例1】で、この規定に違反して医薬品を販売した場合には、その行為には罰則が科せられますが、売買自体の民事上の効力は、無効とされるわけではありません。

ただし、その違反行為が重大なものと考えられる場合には、法律上、特に明文を置いて、その効力を否定する場合があります。【例2】で挙げた労働基準法では、その一三条で、「この法律で定める基準に達しない労働条件を定める労働契約は、その部分については無効とする。この場合において、無効となつた部分は、この法律で定める基準による。」と定めています。つまり、【例2】に違反して長期間の有期労働契約を締結した場合、この規定により、契約期間は三年（又は五年）となることになります。

また、そのような明文の規定がない場合でも、違反行為の違法性がはなはだしい場合には、民法九〇条（公序良俗）によって無効になる場合もあります。しかし、いずれにしても、それは、「……してはならない」という規定自体から直接導き出されるものではありません。

▼「……することができない」

次に、「……することができない」について説明します。これは、通常、ある行為をする法律上の能力や権利がないことを表します。立法例を見てみましょう。

【例5】
行政事件訴訟法（昭三七法一三九）
（出訴期間）
第一四条① 取消訴訟は、処分又は裁決があつたことを知つた日から六箇月を経過したときは、提起**することができない**。ただし、正当な理由があるときは、この限りでない。
②・③（略）

【例6】
公職選挙法（昭二五法一〇〇）
（公務員の立候補制限）
第八九条① 国若しくは地方公共団体の公務員又は行政執

行法人（……）若しくは特定地方独立行政法人（……）の役員若しくは職員は、在職中、公職の候補者と**なることができない**。ただし、次の各号に掲げる公務員（……）は、この限りでない。

一～五　（略）

②・③　（略）

この「……することができない」という規定に違反した場合にはどうなるでしょうか。

先ほどの「……してはならない」は、違反があっても、法律行為としての効力に直接影響はない、ということは既に見たとおりです。

一方、「……することができない」の場合は、ある行為をする法律上の権利や能力がないのにその行為をしたのですから、その行為は、瑕疵のある行為（法律上欠陥のある行為）となり、その行為の効力そのものが問題になります。

先ほど挙げた立法例をもとにして、具体的に説明しましょう。【例5】の場合、行政庁の処分や、審査請求等の不服申立てに対する裁決や決定があったことを知った日から六か月経つと、取消訴訟を提起する権利がなくなることになります。この規定に違反して訴えを提起したときは、訴訟要件を満たさないことになり、その訴えは、不適法なものとして却下されることになります。

【例6】の場合、国や地方公共団体の公務員は、（内閣総理大臣や国務大臣等一部例外はあるものの）現職のままでは公職の候補者となる、つまり、選挙に立候補することができないことになります。この規定に違反して公職の候補者となったときは、公職の候補者となる届出をした日に、その公務員であることを辞したものとみなされます（公職選挙法九〇条）。

「……することができない」という規定に違反した行為の効力を無効とすると、明文で規定している例もあります。

【例7】

国有財産法（昭二三法七三）

（職員の行為の制限）

第一六条①　国有財産に関する事務に従事する職員は、その取扱いに係る国有財産を譲り受け、又は自己の所有物と交換**することができない**。

②　前項の規定に違反する行為は、無効とする。

「……してはならない」とは違い、「……することができない」の場合は、その違反に対して罰則が設けられることは少ないです。先に挙げた【例5】【例6】【例7】のいずれも、これらの規定に違反した場合の罰則は定められていません。

あえて単純化すれば、「……してはならない」も「……することができない」も、いずれも、法的には、あり得べからざる事態を避けるための手法である。そして、「……してはならない」の方は、行為自体を直接禁圧することによって、その目的を達成しようとするのに対し、「……することができない」の方は、直接的に行為を禁圧するのではなく、その行為による法的な効果を否定することにより、間接的にそのような事態を避ける方法である。そんな見方もできるかもしれません。

16 「この限りでない」「妨げない」

「この限りでない」と「妨げない（妨げるものではない）」は、条文の末尾においてしばしば用いられるフレーズです。いずれも文語的な表現ですが、今なお使われています。

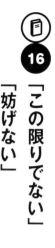

▼「この限りでない」

この表現は、多くは、本文の後にただし書として、「ただし、……この限りでない。」という形で用いられます。そして、前に置かれた規定に対して、その全部又は一部の適用を特定の場合に除外することを意味します。法的には、前に置かれた規定を消極的に否定するだけであり、それ以上の積極的な意味はありません。否定された場合にどうなるかについては、明示的に規定を置くべきであるとされています。【例1】では、ただし書に規定された場合に車両等の直前又は直後で道路を横断してもかまわないというだけで、それ以上の意味はありません。また、【例2】のように、別項でただし書の場合に関する規定が設けられたり、【例3】のように、ただし書に該当する場合（＝評議員会の決議によって定款変更ができない場合）について、さらにその例外規定が置かれる場合もあります。

【例1】
道路交通法（昭三五法一〇五）
（横断の禁止の場所）
第一三条① 歩行者は、車両等の直前又は直後で道路を横断してはならない。**ただし**、横断歩道によって道路を横断するとき、又は信号機の表示する信号若しくは警察官等の手信号等に従って道路を横断するときは、**この限りでない**。
② （略）

【例2】
人事訴訟法（平一五法一〇九）
第一四条① 人事に関する訴えの原告又は被告となるべき者が成年被後見人であるときは、その成年後見人は、成年被後見人のために訴え、又は訴えられることができる。**ただし**、その成年後見人が当該訴えに係る訴訟の相手方となるときは、**この限りでない**。

② 前項ただし書の場合には、成年後見監督人が、成年被後見人のために訴え、又は訴えられることができる。

【例3】一般社団法人及び一般財団法人に関する法律（平一八法四八）

第二〇〇条① 一般財団法人は、その成立後、評議員会の決議によって、定款を変更することができる。**ただし**、第百五十三条第一項第一号及び第八号に掲げる事項に係る定款の定めについては、**この限りでない**。

② 前項ただし書の規定にかかわらず、設立者が同項ただし書に規定する定款の定めを評議員会の決議によって変更することができる旨を第百五十二条第一項又は第二項の定款で定めたときは、評議員会の決議によって、前項ただし書に規定する定款の定めを変更することができる。

③ （略）

場合によっては、前に置かれた規定のどの部分が否定されているのか必ずしも明確でない場合もあります。【例4】では、文部科学省令の定める場合に、二〇日前までという届出の期限がなくなるだけなのか、それとも届出義務自体がなくなるのかは、一義的には明確ではありません。実際には、この規定の委任を受けた「重要有形民俗文化財の現状変更等及び公開の届出等に関する規則」（昭五〇文部省令三〇）の四条（届出を要しない場合）に、「法第八十一条第一項ただし書の規定により届出を要しない場合は、現状変更等に関し次の各号のいずれかに該当する場合とする」とあり、後者であることが分かります。

【例4】文化財保護法（昭二五法二一四）

（重要有形民俗文化財の保護）

第八一条① 重要有形民俗文化財に関しその現状を変更し、又はその保存に影響を及ぼす行為をしようとする者は、現状を変更し、又は保存に影響を及ぼす行為をしようとする日の二十日前までに、文部科学省令の定めるところにより、文化庁長官にその旨を届け出なければならない。**ただし**、文部科学省令の定める場合は、**この限りでない**。

② （略）

▼「妨げない」「妨げるものではない」

こちらの表現は、ある事項に関して規定が設けられることによって、その事項に関する別の規定や制度が引き続き適用されるのか否か、といった点について疑義が残る場合に、その別の規定等の適用が排除されるものではないことを示す際に用いられます。先ほどの「この限りでない」が、その前に置かれた規範に対して〝not〟というだけであるのに対して、こちらは前に置かれた規範に別の規範の〝重複〟があり得る、という点が異なります。ただし、こちらの表現も、積極的に別の制度や規定が適用される、という意味までは持ちません。

「妨げない」と「妨げるものではない」の意味するところは同じです。前者が【例5】や【例6】のように色々な形で使われるのに対して、後者は、ただし書としてはあまり使われず、【例8】～【例10】のように、別の条なり項を立てることが多い、ということはいえますが、これはその条文における日本語の〝据わりの良さ〟の問題だと思われます（【例7】を参照）。

【例5】

破産法（平一六法七五）

（破産財団不足の場合の弁済方法等）

第一五二条① 破産財団が財団債権の総額を弁済するのに足りないことが明らかになった場合における財団債権は、法令に定める優先権にかかわらず、債権額の割合により弁済する。**ただし**、財団債権を被担保債権とする留置権、特別の先取特権、質権又は抵当権の効力を**妨げない**。

② （略）

【例6】

民法（明二九法八九）

（解除の効果）

第五四五条①～③ （略）

④ 解除権の行使は、損害賠償の請求を**妨げない**。

【例7】

裁判員の参加する刑事裁判に関する法律（平一六法六三）

（判決の宣告等）

第六三条① 刑事訴訟法第三百三十三条の規定による刑の言渡しの判決、同法第三百三十四条の規定による刑の免除の判決及び同法第三百三十六条の規定による無罪の判決並びに少年法第五十五条の規定による家庭裁判所への移送の決定の宣告をする場合には、裁判員は公判期日に出頭しなければならない。**ただし**、裁判員が出頭しないことは、当該判決又は決定の宣告を**妨げるものではない**。

② （略）

もう少し具体的に説明すれば、【例8】は、被告人と同一の訴訟上の権利を有するとされる参加人を証人として取り調べてもよい、といっているだけ、ということになります。また、【例9】は、第三条から第七条まで（解雇の無効・労働者派遣契約の解除の無効・不利益取扱いの禁止・役員を解任された場合の損害賠償請求・損害賠償の制限に関する規定）以外に、個別法に規定されている通報者保護制度の適用を排除するものでないことを確認的に規定したものです。具体的には、「核原料物質、核燃料物質及び原子炉の規制に関する法律」（昭三二法一六六）六六条における原子力事業者等による法令違反に関する原子力規制委員会への申告制度や、「労働基準法」（昭二二法四九）一〇四条における労働条件等に係る法令違反に関する行政官庁等への申告制度等があります。また、【例10】は、条例で必要な規定を定めてもよい、というだけのことで、条例の制定を義務付けているわけではありません。

【例8】
刑事事件における第三者所有物の没収手続に関する応急措置法（昭三八法一三八）

（参加人の権利）
第四条① 参加人は、この法律に特別の規定がある場合のほか、没収に関し、被告人と同一の訴訟上の権利を有する。
② 前項の規定は、参加人を証人として取り調べることを**妨げるものではない。**

【例9】
公益通報者保護法（平一六法一二二）
（解釈規定）
第八条① 第三条から前条までの規定は、通報対象事実に係る通報をしたことを理由として第二条第一項各号に掲げる者に対して解雇その他不利益な取扱いをすることを禁止する他の法令の規定の適用を**妨げるものではない。**
②～④（略）

【例10】
景観法（平一六法一一〇）
（策定の手続）
第九条①～⑥（略）
⑦ 前各項の規定は、景観行政団体が、景観計画を定める手続に関する事項（前各項の規定に反しないものに限る。）について、条例で必要な規定を定めることを**妨げ**

るものではない。

⑧（略）

17 「なおその効力を有する」「なお従前の例による」

「なおその効力を有する」と「なお従前の例による」は、どちらも、法令の附則で経過措置を定める場合によく用いられる文言です。

どちらでも大差はない!?

「なおその効力を有する」も「なお従前の例による」も、ある法令の規定が廃止されたり改正されたりした場合に、それにもかかわらず、特定の事柄について、その廃止あるいは改正前の法令の規定を、依然として適用しようとするときに用いられます。まず、次の二つの立法例を見て下さい。

【例1】
電波法（昭二五法一三一）**附則**
（無線電信法の廃止）
② 無線電信法（大正四年法律第二十六号。以下「旧法」という。）は、廃止する。
（旧法の罰則の適用）
④ この法律の施行前にした行為に対する罰則の適用については、旧法は、この法律施行後も、**なおその効力を有する。**

【例2】
インターネット異性紹介事業を利用して児童を誘引する行為の規制等に関する法律の一部を改正する法律（平二〇法五二）**附則**
第五条　この法律の施行前にした行為に対する罰則の適用については、**なお従前の例による。**

【例1】も【例2】も、よくある罰則の経過措置の規定ですが、このような規定は、放っておけば、例えば、AとBが同時期に同じ犯罪行為をしたにもかかわらず、たまたま裁判の時期が法律の廃止・改正の前か後かで取扱いが異なってしまう、といった不公平をなくすために設けられます。その結果、廃止法又は改正法の施行前の行為について、施行後も、これまでどおりの罰則が適用されることになります。こうした規定が置かれるのは、刑を廃止したり、軽くしたりする場合の話です。本来ならば、刑法六条の規定（犯罪後の法律によって刑の変更があったときは、その軽いものによる）により刑が軽くなるはずのところ、公平のため、あえて重いままにしておく、ということです。

罰則の経過措置の場合、【例1】【例2】どちらの方法を用いても、法制上違いはあまりありません。ただ、場合によっては、そうはいかない場合もあるので注意して下さい。例えば、新たに制定する法律に有効期限が定められている場合、その有効期限後も、なお罰則の適用があることを定めようとするときはどうでしょう。【例1】【例2】のような法施行時における経過措置ではなく、いわば、〝将来のある時点（＝法律の有効期限）における経過措置〟の話になります。この場合、将来のある時点の前の状況を、今から「なお従前の例による」と表現することは、何だかしっくりきません。こういう場合には、「なおその効力を有する」を用いて、次のような規定を設けることになります。

【例3】市町村の合併の特例に関する法律（平一六法五九）**附則**

（失効）

第二条① この法律は、令和十二年三月三十一日限り、その効力を失う。（以下略）

② この法律の失効前にした行為に対する罰則の適用については、この法律は、前項の規定にかかわらず、同項に規定する日後も、**なおその効力を有する。**

▼使用上の注意!!

「なおその効力を有する」と「なお従前の例による」とでは、どちらでも大差はないとはいえ、別の法令用語として存在する以上、やはり、その意味内容や効果に違いがありますから、注意が必要です。

まず、それぞれの意味内容の違いから説明しましょう。「なおその効力を有する」の方は、法令の廃止や改正があったとしても、特定の事柄（場合）について、廃止や改正前の法令の規定自体を生かしておこうとするものです。

これに対して、「なお従前の例による」の方は、特定の事柄（場合）について、廃止又は改正前の法令のみならず、その下位法令も含め、従前の内容を包括的に踏襲させようとするものです。廃止や改正の対象となった法令の規定それ自体は、完全に効力を失うことになります。

この点を踏まえた上で、これが、さらに、どういう効果の違いにつながっていくのでしょうか。

まず第一に、廃止又は改正前の法令の規定が適用される、その根拠に違いが生じます。「なおその効力を有する」という場合には、廃止又は改正された（はずの）元の規定の効力が、特定の場合に生きているのですから、その適用の根拠は、それらの元の規定自体だということになります。これに対し「なお従前の例による」という場合は、形式的には、廃止や改正の対象となった法令の規定自体は、既に効力を失っているのですから、それらの規定を根拠とすることはできません。その場合は、元の規定ではなく、「なお従前の例による」という規定自体が、適用の根拠となるのです。

第二に、政省令などの下位法令の取扱いに違いが生じます。「なおその効力を有する」という場合には、これにより生きているのは廃止あるいは改正前の法令の規定だけです。このため、法令の廃止や改正によって、その下位法令がどうなるのかは、別途、改めて定める必要があります。次の例を見て下さい。

【例４】

科学技術・イノベーション創出の活性化に関する法律（平二〇法六三）**附則**

第四条　この法律の施行前に旧法第六条第一項に規定する共同研究等に従事するため国家公務員法第七十九条又は自衛隊法第四十三条の規定により休職にされた旧法第二条第三項に規定する研究公務員については、旧法第六条の規定は、**なおその効力を有する。**

この立法例では、旧法（＝この法律により廃止された「研究交流促進法」）六条の規定だけが生きている状態です。しかし、旧法六条を実際に適用するに当たっては、旧法六条に基づく政令（＝廃止された「研究交流促進法施行令」）も一緒に生かしておく必要があります。そこで、この法律に基づく政令において、「法附則第四条の規定によりなお**その効力を有する**ものとされる……廃止前の研究交流促進法……第六条の規定の適用については、……廃止前の研究交流促進法施行令第四条の規定は、**なおその効力を有する**」（科学技術・イノベーション創出の活性化に関する法律施行令附則三条）という規定が置かれています。

これに対し、「なお従前の例による」という場合には、その下位法令も含め、そっくりそのまま内容的に踏襲するということなので、下位法令の経過措置について別途定める必要はありません。次の例を見て下さい。

> **【例5】**
> **臓器の移植に関する法律**（平九法一〇四）**附則**
> 第六条　旧法第三条の規定（……）により摘出された眼球又は腎《じん》臓の取扱いについては、**なお従前の例による。**

この例では、旧法（＝この法律により廃止された「角膜及び腎《じん》臓の移植に関する法律」）三条の規定により摘出された眼球又は腎臓の取扱いについては、旧法に基づく厚生省令（＝廃止された「角膜及び腎《じん》臓の移植に関する法律施行規則」）も踏襲されることになるので、この厚生省令の経過措置というものはありません。

第三に、廃止前あるいは改正前の法令の規定の改正ができるかどうかという違いがあります。「なおその効力を有する」という場合には、特定の事項についてとはいえ、依然として廃止又は改正前の法令の規定が生きていますから、次の例のように、必要があれば、後で改正することも可能です。

> **【例6】**
> **中央省庁等改革関係法施行法**（平一一法一六〇）
> （旧産業構造転換円滑化臨時措置法の一部改正）
> 第九七〇条　産業構造転換円滑化臨時措置法を廃止する法律（……）附則第二条第一項の規定により**なおその効力を有する**ものとされる旧産業構造転換円滑化臨時措置法（……）の一部を次のように改正する。
> 第十六条第三号中「大蔵大臣及び通商産業大臣」を「財務大臣及び経済産業大臣」に改める。

これに対し、「なお従前の例による」という場合には、廃止又は改正前の法令の規定は既に失効しているわけですから、後で改正することはできません。

18 「及び」「並びに」

「及び」、「並びに」は、数ある法令用語の中では、最も基礎的な用語の一つでしょう。いずれも、極めてありふれた日常用語でもあり、複数の語句を併合的に結び付ける接続詞ですが、法令上の用法には、いくつかの約束事があります。

▼基本型／「及び」

まず、二つの語句を単に並べるときには、単純に、「A及びB」とすればよいのですが、三つ以上の語句を並列して並べるときには、それぞれの語句を「、」でつないでいき、一番最後のところで一回だけ「及び」を用います（なお、体言が並ぶときは「及び」の前に「、」は打ちませんが、用言が並ぶときには、「及び」の前にも「、」を打ちます）。

【例1】
警察法（昭二九法一六二）
（警察官の階級）
第六二条　警察官（長官を除く。）の階級は、警視総監、警視監、警視長、警視正、警視、警部、警部補、巡査部長**及び**巡査とする。

【例2】
犯罪被害者等基本法（平一六法一六一）
（地方公共団体の責務）
第五条　地方公共団体は、基本理念にのっとり、犯罪被害者等の支援等に関し、国との適切な役割分担を踏まえて、その地方公共団体の地域の状況に応じた施策を策定し、**及び**実施する責務を有する。

▼階層型（その一）／「及び」「並びに」（二段階）

【例1】【例2】のように、単純に同じレベルで並ぶ場合はいいのですが、この並びが複数の段階のレベルで構成されているときには、一番小さな段階に一回だけ「及び」を用い、それより大きい段階には、すべて「並びに」を用いる、という約束事があります。

まず、レベルが二段階のケースから見ていくことにしましょう。

【例3】
第二条第三項、第四項**及び**第八項**並びに**第五条第五項、第六項**及び**第十項

【例4】
絶滅のおそれのある野生動植物の種の保存に関する法律（平四法七五）
（財産権の尊重等）
第三条　この法律の適用に当たっては、関係者の所有権その他の財産権を尊重し、住民の生活の安定**及び**福祉の維持向上に配慮し、**並びに**国土の保全その他の公益との調整に留意しなければならない。

右の【例3】で分かるように、まず大きく「第二条」グループと「第五条」グループに分けられ、全体が「並びに」で結ばれています。そして、「第二条」、「第五条」のそれぞれの内部が、「、」と「及び」でつながっているのです。

また【例4】も、A＝「関係者の所有権その他の財産権を尊重し」と、B＝「住民の生活の安定**及び**福祉の維持向上に配慮し」と、C＝「国土の保全その他の公益との調整に留意し（なければならない）」の三つが、「A、B**並びに**C」と大きく並んでいて、そのうちBの内部が、更に「**及び**」で二つに分かれているという構造となっています。

更にレベルが三段階以上になる場合は、どうなるでしょう。

▼階層型（その二）／「及び」「並びに」（三段階以上）

【例5】
国家公務員倫理法（平一一法一二九）
第三九条①　職員の職務に係る倫理の保持を図るため、法律の規定に基づき内閣に置かれる各機関、内閣の統轄の下に行政事務をつかさどる機関として置かれる各機関**及び**内閣の所轄の下に置かれる機関**並びに**会計検査院**並びに**各行政執行法人（以下「行政機関等」という。）に、それぞれ倫理監督官一人を置く。
②　（略）

「、」「及び」のほかに、「並びに」も複数出てきますが、この条文の基本構造はこうなります。

職員の職務に係る倫理の保持を図るため、

A＝法律の規定に基づき内閣に置かれる各機関、内閣の統轄の下に行政事務をつかさどる機関として置かれる各機関**及び**内閣の所轄の下に置かれる機関

並びに

B＝会計検査院

並びに

C＝各行政執行法人

に、それぞれ倫理監督官一人を置く。

つまり、この三グループ、すなわち、内閣の機関・各府省等・人事院（A）と、憲法上の機関であり内閣からの独立性の高い会計検査院（B）と、国そのものではなく別人格の行政執行法人（C）という三つの種類のかたまりが、まず、国の機関として、「A**並びに**B」とひとかたまりになり、この全体が、国とは別人格の行政執行法人と、「（A**並びに**B）**並びに**C」と大きくつながっているのです。さらにAの内部は、「内閣に置かれる各機関」（A_1）、「内閣の統轄の下に行政事務をつかさどる機関として置かれる各機関」（A_2）、「内閣の所轄の下に置かれる機関」（A_3）が、「A_1、A_2**及び**A_3」というように結び付いています。

これを見てわかるように、「及び」は最も小さな結び付きのレベルに一回だけ用いられ、それ以上の段階には、すべて「並びに」が用いられます。同じ「並びに」ですので、これらを区別して、〝小並び〟（＝**並びに**の部分）、〝大並び〟（＝**並びに**の部分）と俗称することもあります。

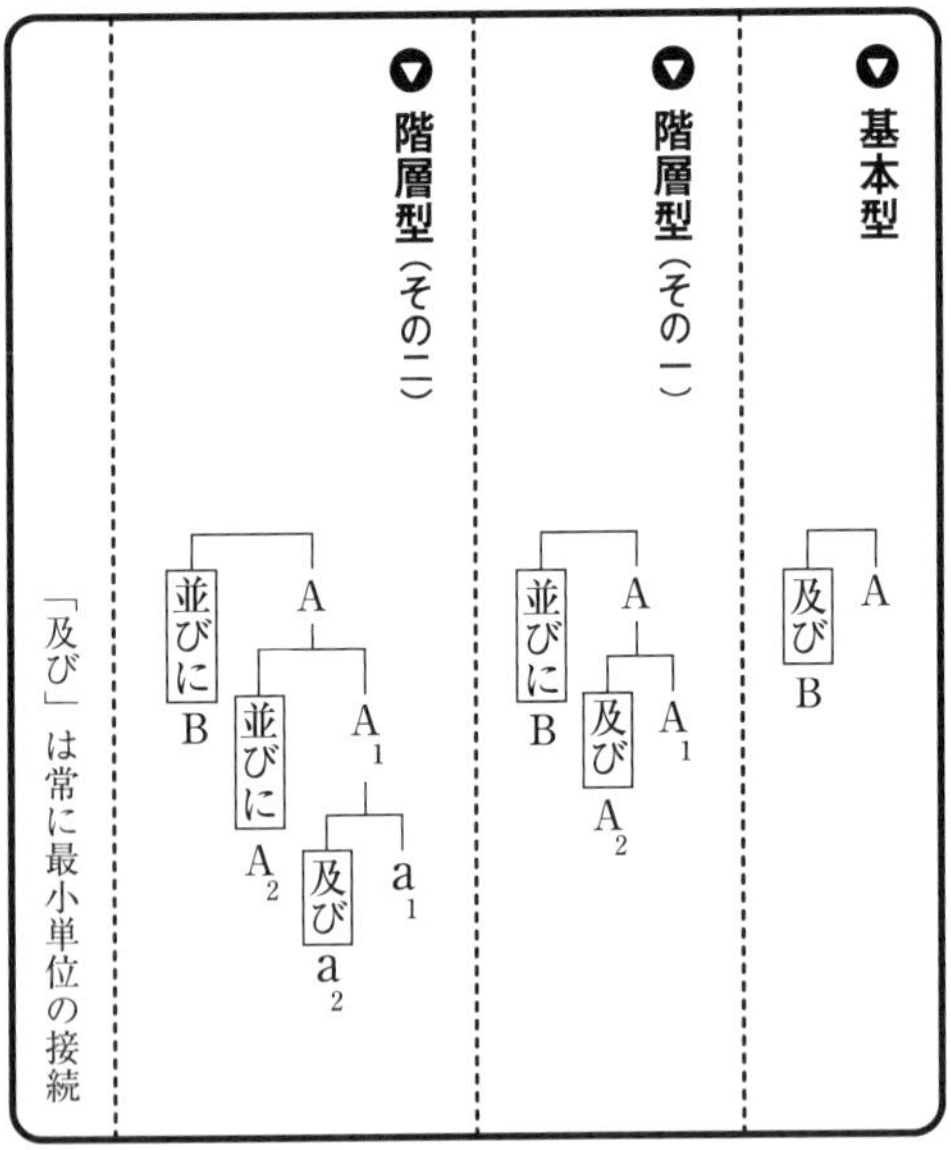

見かけ上は必ずしも区別できないので、ここまで来ると、意味やまとまりで法文の構造を解読するほかありません。

▼「かつ」と「と」

「及び」「並びに」と似た法令用語に「かつ」があります。これは、「及び」、「並びに」に比べ、より大きなまとまった文章を接続する際に用いられる場合【例6】のほか、形容詞句を強く結び付けて一体不可分の意味を表す場合【例7】や、行為が同時に行われ、要件をともに満たさなければならないことを表すとき【例8】にも用いられます。

【例6】

少子化社会対策基本法（平一五法一三三）

（施策の基本理念）

第二条① 少子化に対処するための施策は、父母その他の保護者が子育てについての第一義的責任を有するとの認識の下に、国民の意識の変化、生活様式の多様化等に十分留意しつつ、男女共同参画社会の形成とあいまって、家庭や子育てに夢を持ち、**かつ**、次代の社会を担う子どもを安心して生み、育てることができる環境を整備することを旨として講ぜられなければならない。

②〜④（略）

【例7】

知的財産基本法（平一四法一二二）

（競争促進への配慮）

第一〇条 知的財産の保護及び活用に関する施策を推進するに当たっては、その公正な利用及び公共の利益の確保に留意するとともに、公正**かつ**自由な競争の促進が図られるよう配慮するものとする。

【例8】

無差別大量殺人行為を行った団体の規制に関する法律（平一一法一四七）

（決定の方式）

第二三条 前条第一項の決定は、文書をもって行い、**かつ**、理由を付して、委員長及び決定に関与した委員がこれに署名押印をしなければならない。

最後にもう一つ、「及び」と同じ意味で「と」が用いられることもあります。「A**と**B」という表現ぶりは、いかにも日常用語的で、法令用語らしくない感じもしますが、実際には、例えば「国民の理解**と**関心」、「給付**と**

負担」、「国民の自由**と**権利」などの用例があります。法令文なのですから、格調高く（？）「及び」を使っても良さそうな気もしますが、これらの立法例を見てみると、ある程度ひとかたまりのワンフレーズとして熟した言葉になっている場合に使われるケースが多いように思われます。

19 「又は」「若しくは」

日常用語で用いられるとおり、「又は」と「若しくは」は、いずれも、複数の語句を選択的に結び付ける接続詞です。しかし、法令上で用いられる場合には、次のようなルールがあります。

基本型／「又は」

まず、二つの語句を選択的に並べる場合には、「A又はB」と「又は」を用います。三つ以上の語句を並べる場合には、それぞれの語句を「、」でつないでいき、最後の二つの語句を「又は」でつなぎます。これは、「及び」の場合と同じです。また、体言が並ぶときには「又は」の前に「、」を打ちませんが、用言が並ぶときには「又は」の前に「、」を打つところも、「及び」の場合と同じです。

【例1】
刑法（明四〇法四五）
（偽造通貨等収得）
第一五〇条　行使の目的で、偽造**又は**変造の貨幣、紙幣**又は**銀行券を収得した者は、三年以下の懲役に処する。

【例2】
道路交通法（昭三五法一〇五）
（横断等の禁止）
第七五条の五　自動車は、本線車道においては、横断し、転回し、**又は**後退してはならない。

階層型（その一）／「又は」「若しくは」（二段階）

次に、「又は」と「若しくは」の用法の違いを説明します。

【例1】【例2】のように同じレベルで複数の語句を並べる場合は「又は」でつなげればよいのですが、複数のレベルで並べる場合には、一番大きなレベルに一度だけ「又は」を用い、それより小さいレベルには、すべて「若しくは」を用いることとされています。

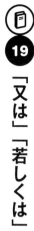

まずは、レベルが二段階の場合です。

【例3】
食品衛生法（昭二二法二三三）
第一三条**【基準・規格の設定】**①（略）
② 前項の規定により基準**又は**規格が定められたときは、その基準に合わない方法により食品**若しくは**添加物を製造し、加工し、使用し、調理し、**若しくは**保存し、その基準に合わない方法による食品**若しくは**添加物を販売し、**若しくは**輸入し、**又は**その規格に合わない食品**若しくは**添加物を製造し、輸入し、加工し、使用し、調理し、保存し、**若しくは**販売してはならない。
③（略）

【例3】の冒頭の「基準**又は**規格」は、【例1】の基本型と同様です。

次に、A＝「その基準に合わない方法により食品**若しくは**添加物を製造し、加工し、使用し、調理し、**若しくは**保存し」、B＝「その基準に合わない方法による食品**若しくは**添加物を販売し、**若しくは**輸入し」、C＝「その規格に合わない食品**若しくは**添加物を製造し、輸入し、加工し、使用し、調理し、保存し、**若しくは**販売し（てはならない）」が、「A、B、**又は**C」となっています。

A、B、Cの中では、いずれも「食品」と「添加物」は「**若しくは**」で結ばれています。また、Aでは「製造し」「加工し」「使用し」「調理し」「保存し」が「**若しくは**」で結ばれ、同様にBでは「販売し」「輸入し」が、Cでは「製造し」「輸入し」「加工し」「使用し」「調理し」「保存し」「販売し」が、それぞれ「**若しくは**」で結ばれています。

▼階層型（その二）／「又は」「若しくは」（三段階以上）

続いて、三段階以上のレベルがあるケースです。

【例4】
高齢者虐待の防止、高齢者の養護者に対する支援等に関する法律（平一七法一二四）
第三〇条 正当な理由がなく、第十一条第一項の規定による立入調査を拒み、妨げ、**若しくは**忌避し、**又は**同項の規定による質問に対して答弁をせず、**若しくは**虚偽の答弁をし、**若しくは**高齢者に答弁をさせず、**若しくは**虚偽の答弁をさせた者は、三十万円以下の罰金に処する。

まず、全体の構造は、A＝「第十一条第一項の規定による立入調査を拒み、妨げ、**若しくは**忌避し」、B＝

「同項の規定による質問に対して答弁をせず、**若しくは**虚偽の答弁をし、**若しくは**高齢者に答弁をさせず、**若しくは**虚偽の答弁をさせ（た者）」が「A、**又は**B」となっています。

　次に、AとBの中がそれぞれさらに細かく分けられています。Aは、「拒み」「妨げ」「忌避し」の三つが「**若しくは**」でつながっており、ここは二段階のケースです。一方Bは、B^1＝「答弁をせず、**若しくは**虚偽の答弁をし」（自ら答弁する場合）とB^2＝「高齢者に答弁をさせず、**若しくは**虚偽の答弁をさせ」（高齢者に答弁させる場合）が「B^1、**若しくは**B^2」となっており、さらに、B^1の中は「答弁をせず」と「虚偽の答弁をし」に分かれ、B^2は「（高齢者に）答弁をさせず」と「虚偽の答弁をさせ」に分かれ、それぞれ「**若しくは**」でつながっています。

　このように、最も大きな結び付きに一回だけ「又は」を用い、その下の段階、そのさらに下の段階には、いずれも「若しくは」を用います。【例4】の「B^1、**若しくは**B^2」のような「若しくは」を〝大若し〟、B^1やB^2の中で使われるような「若しくは」を〝小若し〟と呼ぶこともありますが、見かけ上は区別できないので、意味から文章の構造を解読する必要があります。

　「及び」と「並びに」の場合には、原則は「及び」を用い、それより**大きな**レベルでのつながりにはすべて「並びに」を用いますが、「又は」と「若しくは」の場合には、逆に、原則は「又は」を用い、それより**小さい**レベルでのつながりにはすべて「若しくは」を用いるわけです。

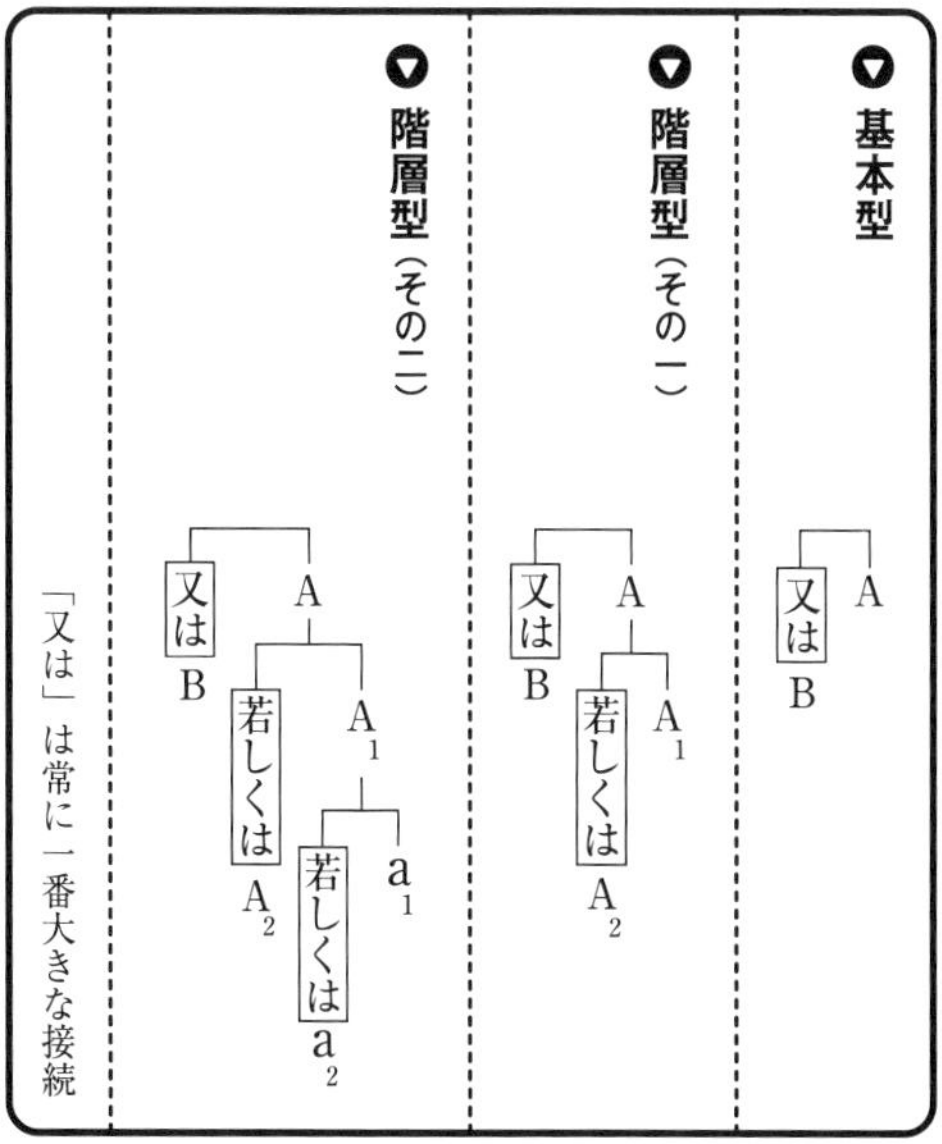

▼「又は」「若しくは」の多様な使い方

「A又はB」は、AかBのいずれかということを意味しますが、Aだけ、あるいはBだけのみならず、AかつBの場合も含んでいることがあります。

例えば、「Aもしてはいけないし、Bもしてはいけない」というとき、どちらもしてはいけないのだから、「A及びBをしてはならない」と書くのだと思われるかもしれません。しかし、このような場合には「又は」を用い、「A又はBをしてはならない」と規定します。「A及びBをしてはならない」とすると、AとBの両方をすることだけが禁じられ、Aだけ、あるいはBだけをすることは許される、と読まれてしまう可能性があるからです。

このほか、「A又はB」と「C又はD」を組み合わせて用いる場合、対句的に用いて「A→C」「B→D」を意味することもありますし（【例5】）、たすきがけのように「A→C」「A→D」「B→C」「B→D」を意味することもあります（【例1】）。どちらなのかは文章の内容から判断するしかありません。

【例5】
刑事訴訟法（昭二三法一三一）
第六二条【令状】 被告人の召喚、勾引**又は**勾留は、召喚状、勾引状**又は**勾留状を発してこれをしなければならない。

このように、「又は」も「若しくは」も日常的に用いられる用語ですが、法令をつくる際には特別なルールにのっとって用いることとされています。法令を読む際にも、このルールを念頭に置いておくと、より正確に読解することができます。

column

⑮ プロでも間違う「又は」「若しくは」の使い方？

「又は」「若しくは」は最も基本的な法令用語の一つですが、その使われる場面によっては、なかなか難しい用語でもあるのです。実は、皆さんが目にする（目にした）基本的な法律の中にも「ひょっとして間違い？」と思われる例もあるかもしれません。

例えば、刑法九六条の「封印等破棄罪」と一一四条の「消火妨害罪」の規定は、刑法が全面的に口語化された平成七年改正の際に、次のような規定とされました。

刑法（明四〇法四五）
（封印等破棄）
第九六条　公務員が施した封印若しくは差押えの表示を損壊し、又はその他の方法で無効にした者は、二年以下の懲役又は二十万円以下の罰金に処する。
（消火妨害）
第一一四条　火災の際に、消火用の物を隠匿し、若しくは損壊し、又はその他の方法により、消火を妨害した者は、一年以上十年以下の懲役に処する。

この二つの条文では、まるでうり二つのように「若しくは」と「又は」が順番に出てきていますね。それでは、本文で説明した「又は」「若しくは」の使い方に従って、この二つの条文の構造を分析してみましょう。次のようになるはずです。

第九六条（封印等破棄罪）

公務員が施した
　　封印
　　若しくは
　　差押えの表示
　を損壊し
又は
その他の方法で無効にし
　た者は、…。

第一一四条（消火妨害罪）

火災の際に、
消火用の物を
　　隠匿し
　　若しくは
　　損壊し
又は
その他の方法により、
　消火を妨害した者は、…。

どうでしょうか。消火妨害罪の方はちゃんと意味をなす構造になっていますが、封印等破棄罪の構造はおかしいですよね。後半部分の「その他の方法で無効にした者……」は、全く意味をなさない規定になっています。この規定は、本来、次のような構造であるべきだったのです。

公務員が施した
　　封印
　　又は
　　差押えの表示
を
　　損壊し
　　又は
　　その他の方法で無効にし
た者は、…。

つまり、起案した担当者が変に難しく考えたために、「又は」「若しくは」の入れ子構造だと思ってしまったのでしょうね。「公務員が施した封印又は差押えの表示を損壊し、又はその他の方法で無効にした者は……」と、単純な「又は」の並列的構造でよかったのです。

おそらく、担当者は、このミスに気がついた後、長い間、これを直す機会を覗っていたのでしょうね。そして、約一六年後、ようやくその機会が来たようです。いわゆるサイバー犯罪条約の実施法とも言うべき平成二三年の「情報処理の高度化等に対処するための刑法等の一部を改正する法律」（封印等破棄罪とは、全く関係のない法改正）の際に、次のような改正が施されました。前記のようなシンプルな手直しではなくて、やたら詳細な規定振りにしたようですが、今度は「又は」「若しくは」の使い方に問題はないようです。

刑法

（封印等破棄）

第九六条　公務員が施した封印若しくは差押えの表示を損壊し、又はその他の方法によりその封印若しくは差押えの表示に係る命令若しくは処分を無効にした者は、三年以下の懲役若しくは二百五十万円以下の罰金に処し、又はこれを併科する。

専門家でも「又は」「若しくは」の使い方を間違うことがある、ということです。くわばら、くわばら……。

20 「……の規定にかかわらず」「特別の定め」「別段の定め」

「……の規定にかかわらず」、「特別の定め」、「別段の定め」は、いずれも、ある規範の例外や特則を定めるために用いられる法令用語ですが、「……の規定にかかわらず」と「特別の定め」「別段の定め」とでは、その用いられ方に違いがあります。

▼「……の規定にかかわらず」

まずは、「……の規定にかかわらず」です。この「……の規定にかかわらず」は、問題となっている事項に関して適用される一般原則的な規定を排除して特例を定める場合に、この両者の関係を明示するために用いられます。

【例1】

民法（明二九法八九）

（原状回復の義務）

第一二一条の二① 無効な行為に基づく債務の履行として給付を受けた者は、相手方を原状に復させる義務を負う。

②・③（略）

消費者契約法（平一二法六一）

（取消権を行使した消費者の返還義務）

第六条の二 民法第百二十一条の二第一項**の規定にかかわらず**、消費者契約に基づく債務の履行として給付を受けた消費者は、第四条第一項から第四項までの規定により当該消費者契約の申込み又はその承諾の意思表示を取り消した場合において、給付を受けた当時その意思表示が取り消すことができるものであることを知らなかったときは、当該消費者契約によって現に利益を受けている限度において、返還の義務を負う。

【例1】では、民法一二一条の二第一項が、無効な行為に基づく債務の履行として給付を受けた者が原状回復の義務を負うことを定めた一般原則的な規定であるところ、消費者契約法六条の二において、消費者契約の取消しによって消費者契約が無効となった一定の場合については、民法の当該規定の適用を排除した上で、その返還義務を、現に利益を受けている限度にとどめる旨が規定されています。

このように、「……の規定にかかわらず」は、一般原則的な規定の存在を前提として、特例を定める規定中で用いられ、一般原則的な規定の適用を排除する点に特徴があります。

▼「特別の定め」「別段の定め」

次は、「特別の定め」「別段の定め」です。この「特別の定め」「別段の定め」とは、その条項で定められていることとは異なる趣旨の定め（規定）をいいます。両者で異なるところはありません。

典型的には、次の【例2】のように使用され、その規定を置く法律が一般法であることを示すとともに、特別法がある場合には特別法が優先するものであることを示しています。

【例2】

行政不服審査法（平二六法六八）

（目的等）

第一条① （略）

② 行政庁の処分その他公権力の行使に当たる行為（以下単に「処分」という。）に関する不服申立てについては、他の法律に**特別の定め**がある場合を除くほか、この法律の定めるところによる。

国家公務員法（昭二二法一二〇）

（審査請求）

第九〇条① 前条第一項に規定する処分を受けた職員は、人事院に対してのみ審査請求をすることができる。

②・③ （略）

【例2】では、行政不服審査法が行政庁の処分に対する不服申立てに関する一般原則的な取扱いを定めている法律であるところ、国家公務員法九〇条一項において、八九条一項に規定する処分（意に反する降給等の不利益処分又は懲戒処分）を受けた場合、人事院に対してのみ審査請求をすることができることとされており、これが行政不服審査法一条二項の「特別の定め」に当たることとなります。

【例3】

独立行政法人通則法（平一一法一〇三）

（借入金等）

第四五条①～③ （略）

④ 独立行政法人は、個別法に**別段の定め**がある場合を除

くほか、長期借入金及び債券発行をすることができない。

独立行政法人日本学生支援機構法（平一五法九四）

（長期借入金及び日本学生支援債券）

第一九条①　機構は、第十三条第一項第一号に規定する学資の貸与に係る業務に必要な費用に充てるため、文部科学大臣の認可を受けて、長期借入金をし、又は日本学生支援債券（以下「債券」という。）を発行することができる。

②〜⑥（略）

【例3】では、独立行政法人通則法四五条四項が独立行政法人による長期借入金等の不許を定めた一般原則的な規定であるところ、個別法の一つである独立行政法人日本学生支援機構法一九条一項において、日本学生支援機構については、長期借入金をすること等ができることとされており、これが独立行政法人通則法四五条四項の「別段の定め」に当たることとなります。

これらのように、「特別の定め」「別段の定め」は、「……の規定にかかわらず」とは異なり、一般原則的な規定中に置かれることが多いのですが、次の【例4】のように、その法律に特に定めが置かれている場合にはそれによるが、その他は一般法である他の法律によることを示すこともあります。

【例4】

民事訴訟法（平八法一〇九）

（原則）

第二八条　当事者能力、訴訟能力及び訴訟無能力者の法定代理は、この法律に**特別の定め**がある場合を除き、民法（明治二十九年法律第八十九号）その他の法令に従う。訴訟行為をするのに必要な授権についても、同様とする。

【例4】では、当事者能力、訴訟能力及び訴訟無能力者の法定代理に関する規律については、民事訴訟法に「特別の定め」がない限り、それぞれ、権利能力、行為能力及び制限行為能力者の法定代理に関する民法その他の実体法の規律に従うことを定めており、民法等の一般原則的な規定を前提としつつ、民事訴訟法において特則を定めることを示しています。

以上のように、「……の規定にかかわらず」が一般原則的な規定の適用を排除する場合に用いられるのに対して、「特別の定め」「別段の定め」は、その適用を排除する場合だけでなく、一般原則的な規定に特則規定を付け加える場合にも用いられます。

21「……に定めるもののほか」

一般に、同一事項について異なる複数の法律の定めがある場合については、それらの相互の関係についての立法者の意思を、あらかじめ、法律の条文においてできるだけ明確にしておくべきであるとして、その関係を明確にする表現を用いることとされています。「……に定めるもののほか」も、そのような表現の一つです。

▼「……に定めるもののほか」

「……に定めるもののほか」とは、「……を含めて」あるいは「……に追加して」というように、この用語の対象となった事項のほかに更に何かを付け加えようとするときに用いられます。

【例1】

国会法（昭二二法七九）

第一〇二条の一一　**【国民投票広報協議会】**　①　憲法改正の発議があつたときは、当該発議に係る憲法改正案の国民に対する広報に関する事務を行うため、国会に、各議院においてその議員の中から選任された同数の委員で組織する国民投票広報協議会を設ける。

②　国民投票広報協議会は、前項の発議に係る国民投票に関する手続が終了するまでの間存続する。

③　国民投票広報協議会の会長は、その委員がこれを互選する。

第一〇二条の一二　**【同前】**　前条**に定めるもののほか**、国民投票広報協議会に関する事項は、別に法律でこれを定める。

日本国憲法の改正手続に関する法律（平一九法五一）

（協議会）

第一一条　国民投票広報協議会（以下この節において「協議会」という。）については、国会法**に定めるもののほか**、この節の定めるところによる。

【例1】では、国民投票広報協議会について、その基本となる事項を定める国会法の規定と、その詳細を定める日本国憲法の改正手続に関する法律の規定の両方を適用させる趣旨を明らかにしています。

【例2】

国税通則法（昭三七法六六）

（行政手続法の適用除外）

第七四条の一四① 行政手続法（平成五年法律第八十八号）第三条第一項（適用除外）**に定めるもののほか**、国税に関する法律に基づき行われる処分その他公権力の行使に当たる行為（酒税法第二章（酒類の製造免許及び酒類の販売業免許等）の規定に基づくものを除く。）については、行政手続法第二章（申請に対する処分）（第八条（理由の提示）を除く。）及び第三章（不利益処分）（第十四条（不利益処分の理由の提示）を除く。）の規定は、適用しない。

②・③（略）

【例2】では、行政手続法三条一項が、行政手続法の不利益処分等に関する規定の適用除外の対象となる行為を定めた一般原則的な規定であるところ、国税通則法七四条の一四第一項において、この一般原則的な適用除外に加えて、国税に関する法律に基づき行われる一定の処分等については、行政手続法の不利益処分等に関する一定の規定が適用除外となる旨が規定されています。

このように、「……に定めるもののほか」は、一般原則的な規定に特例として事項を「追加」するという点で、特例として一般原則的な規定を「排除」する「……の規定にかかわらず」とは異なります。

【例3】

国家公務員法（昭二二法一二〇）

（臨時的任用）

第六〇条①～④（略）

⑤ 前各項**に定めるもののほか**、臨時的に任用された者に対しては、この法律及び人事院規則を適用する。

【例1】と【例2】は、「……に追加して」という意味で用いられている例でしたが、【例3】は、臨時的に任用される者に対して、国家公務員法六〇条一項から四項まで「を含めて」国家公務員法等が適用されるという意味で用いられています。

なお、「……に定めるもののほか」は、【例4】のように、「……を除くほか」と同様、「……を除いて」とか「……以外には」という意味で用いられることもあります。

【例4】

民法（明二九法八九）

（物権の創設）

第一七五条　物権は、この法律その他の法律**に定めるもののほか、**創設することができない。

22 「ただし」「この場合において」

「ただし」と「この場合において」は、いずれも、一つの項や号の中で複数の文章がある場合に、文章と文章とをつなぐためによく用いられる法令用語です。

文章のつなぎ

法令の規定は、単に書き並べるだけでは分かりにくいことから、その内容に応じ、「項」や「号」に分けて整理されます。その場合、一つの「項」や「号」は単一の文章であることが多いのですが、一つの文章ではまとめられないものの、内容などから「項」や「号」として分けるのが適切でない場合には、一つの「項」や「号」の中に二つ以上の文章が入る場合があります。そのような場合に、文章をつなぐ法令用語として用いられるのが、「ただし」や「この場合において」です。

基本的に、「ただし」は前の文章の内容に対する例外や制限を規定する場合に、「この場合において」は前の文章の内容に加えて追加や補足的な内容を規定する場合に用いられます。

「ただし」を使う場合も、「この場合において」を使う場合も、規定の連続性を示すため、改行は行われません。

一つの「項」や「号」の中に二つの文章があるときには、最初の文章を「前段」、最後の文章を「後段」と呼びますが、「ただし」でつながれた場合には、最初の文章を「本文」と、「ただし」から始まる文章を「ただし書」と呼びます。

なお、「ただし」は、接続詞は原則として仮名で書くという法令用語のルールにのっとり、「但し」ではなく「ただし」と表記します。これに合わせて、「ただし書」も、「但書」ではなく「ただし書」と表記します。

「この場合において」

まず、「この場合において」は、①前段の内容に対する補足的、付加的な規定を行う場合のほか、②他の規定を適用したり準用したりする際の読替規定の場合にも用いられます。

【例1】

行政機関の保有する情報の公開に関する法律（平一一法四二）

（開示決定等の期限）

第一〇条① （略）

② 前項の規定にかかわらず、行政機関の長は、事務処理上の困難その他正当な理由があるときは、同項に規定する期間を三十日以内に限り延長することができる。**この場合において**、行政機関の長は、開示請求者に対し、遅滞なく、延長後の期間及び延長の理由を書面により通知しなければならない。

【例1】は、追加的、補足的な規定の例です。情報公開の開示決定の期限について、前段で期限の延長を認め、後段で、延長した場合には書面での通知が必要であることを追加的に規定しています。

【例2】

行政手続法（平五法八八）

（代理人）

第一六条① （略）

② 代理人は、各自、当事者のために、聴聞に関する一切の行為をすることができる。

③ 代理人の資格は、書面で証明しなければならない。

④ 代理人がその資格を失ったときは、当該代理人を選任した当事者は、書面でその旨を行政庁に届け出なければならない。

（参加人）

第一七条① （略）

② 前項の規定により当該聴聞に関する手続に参加する者（以下「参加人」という。）は、代理人を選任することができる。

③ 前条第二項から第四項までの規定は、前項の代理人について準用する。**この場合において**、同条第二項及び第四項中「当事者」とあるのは、「参加人」と読み替えるものとする。

【例2】は、読替規定の例です。当事者の代理人についての規定を、参加人の代理人について準用するものですが、そのままでは意味が通じないため、準用する際には「当事者」を「参加人」に読み替えることを規定しています。このような規定は、他の規定の読替適用や読替準用の際、数多く用いられます。

なお、「この場合において」でつなぐと一つの項や号の規定が長くなるような場合には、「前項（号）の場合において」といった形で、別の項や号が置かれることもあります。

▼「ただし」

「ただし」は、主に①本文の内容に対する例外や制限を規定する場合に用いられるほか、②本文の一部の内容についての追加的、説明的な規定をする場合、③解釈上の注意規定を置く場合などに用いられます。例を見ていきましょう。

> **【例3】麻薬及び向精神薬取締法**（昭二八法一四）
> **（輸出）**
> 第一七条　麻薬輸出業者でなければ、麻薬を輸出してはならない。**ただし、**本邦から出国する者が、厚生労働大臣の許可を受けて、自己の疾病の治療の目的で携帯して輸出する場合は、この限りでない。

【例3】では、本文で麻薬輸出業者以外の麻薬の輸出を禁止していますが、麻薬に該当する薬を処方されている人が海外に行く際に薬を携行することも輸出に該当するため、そうした場合が違法とならないよう、ただし書で例外を規定しています。このような規定では、文末が「……この限りでない」となることが多いです（「……この限りでない」については、⑯一五七頁参照）。

> **【例4】内閣法**（昭二二法五）
> **第二条【組織、国務大臣の数】**①　（略）
> ②　前項の国務大臣の数は、十四人以内とする。**ただし、**特別に必要がある場合においては、三人を限度にその数を増加し、十七人以内とすることができる。

【例4】も、同じく本文の内容に対する例外を規定していますが、この場合、本文で国務大臣の数の上限を一四人としているのに対し、ただし書で、例外として上限を上回れることのみならず、例外の場合の上限（一七人）も併せて規定しています。

> **【例5】自衛隊法**（昭二九法一六五）
> **（在外邦人等の保護措置の際の権限）**
> **第九四条の五**①　第八十四条の三第一項の規定により外国の領域において保護措置を行う職務に従事する自衛官は、

同項第一号及び第二号のいずれにも該当する場合であって、その職務を行うに際し、自己若しくは当該保護措置の対象である邦人若しくはその他の保護対象者の生命若しくは身体の防護又はその職務を妨害する行為の排除のためやむを得ない必要があると認める相当の理由があるときは、その事態に応じ合理的に必要と判断される限度で武器を使用することができる。**ただし**、刑法第三十六条又は第三十七条に該当する場合のほか、人に危害を与えてはならない。

②・③（略）

【例5】は、本文に対する制限を規定している例です。在外邦人等の保護措置を行う際の自衛官の武器使用について、本文で自己や保護措置の対象者等の生命又は身体の防護等のための武器使用を認めていますが、ただし書で、人に危害を与えるような武器使用については、いわゆる正当防衛、緊急避難に当たる場合を除いては認められないと、その範囲を制限しています。

【例6】

警備業法（昭四七法一一七）

（財務諸表等の備付け及び閲覧等）

第三二条①（略）

② 講習会を受講しようとする者その他の利害関係人は、登録講習機関の業務時間内は、いつでも、次に掲げる請求をすることができる。**ただし**、第二号又は第四号の請求をするには、登録講習機関の定めた費用を支払わなければならない。

一 財務諸表等が書面をもつて作成されているときは、当該書面の閲覧又は謄写の請求

二 前号の書面の謄本又は抄本の請求

三 財務諸表等が電磁的記録をもつて作成されているときは、当該電磁的記録に記録された事項を内閣府令で定める方法により表示したものの閲覧又は謄写の請求

四 前号の電磁的記録に記録された事項を電磁的方法であつて内閣府令で定めるものにより提供することの請求又は当該事項を記載した書面の交付の請求

【例6】は、本文のうち一部の場合についての追加的、説明的な規定をしている例です。「できる」規定があり、その後で、その場合に「……しなければならない」という構造は、「この場合において」の【例1】と同様ですが、ここでは、費用の支払が必要となる場合が、四種類の請求のうち二種類に限られることから、「ただし」が用いられています。

【例7】

労働組合法（昭二四法一七四）

（目的）

第一条① （略）

② 刑法（明治四十年法律第四十五号）第三十五条の規定は、労働組合の団体交渉その他の行為であつて前項に掲げる目的を達成するためにした正当なものについて適用があるものとする。**但し**、いかなる場合においても、暴力の行使は、労働組合の正当な行為と解釈されてはならない。

【例7】は、本文に対する解釈上の注意規定の例です。本文で、労働組合の正当な団体交渉等は刑法三五条の正当行為の適用があるとしていますが、ただし書で、暴力の行使は正当行為と解釈されてはならないとしています。

「この場合において」があくまでも前段の内容を前提にして、ではその場合に何をしなければならないか、何ができるか、ということを規定するものであるのに対し、「ただし」の場合、本文の内容に対して例外を設けたり、制限を課したり、解釈の幅を狭めたりと、何らかの形で本文の内容を一部否定する趣旨を持つものであるといえるでしょう。

23

「適用」「準用」「例による」「同様とする」

「準用」（そしてこれに伴う「読替え」）などは、いずれも条文を読む人の頭を悩ませる、悪名高き難解な立法技術です。

ですが、法文の中に同じような事項が繰り返し記述されると、条文中の重要な部分が埋没してしまったり、法令が長く分かりにくくなったりすることがあります。そこで、法令を簡潔かつ平易に規定するために、既にある法規範を借用したり、既に規定されている事項を簡潔に言い表したりする立法技術が用いられます。

ここでは、こうした立法技術として「準用」「例による」「同様とする」という表現を取り上げます。

▼「適用」

その前に、前提として「適用」について説明します。

「適用」とは、ある規定を、その規定が本来対象としている事項に当てはめることをいいます（「施行」と「適用」の関係については、⓭一四三頁以下参照）。

【例1】

地方自治法（昭二二法六七）

（市に関する規定の適用）

第二八三条① この法律又は政令で特別の定めをするものを除くほか、第二編及び第四編中市に関する規定は、特別区にこれを**適用**する。

②・③（略）

特別地方公共団体である特別区は市ではありませんが、都道府県に包括される基礎的自治体である点では、普通地方公共団体である市と本質的に同じです。そのため、特別区は、地方自治法二編（普通地方公共団体）中の市に関する規定が本来対象としている事項として、これらの規定が「適用」されるのです。

▼「準用」

「準用」とは、ある事項（a）について定める法令の規定（A）を、これと似た別の事項（b）に借用して当てはめることをいいます。本来bには適用されないAを

bに当てはめるための「準用規定」により、bについて定める法令の規定（B）が観念上成立します。

まずは、簡単な例から見ていきましょう。

【例2】

内閣法（昭二二法五）

第一五条【内閣危機管理監】①～③（略）

④ 国家公務員法第九十六条第一項、第九十八条第一項、第九十九条並びに第百条第一項及び第二項の規定は、内閣危機管理監の服務について**準用**する。

⑤（略）

国家公務員法（昭二二法一二〇）

（秘密を守る義務）

第一〇〇条① 職員は、職務上知ることのできた秘密を漏らしてはならない。その職を退いた後といえども同様とする。

②～⑤（略）

特別職である内閣危機管理監には、国家公務員法の適用はありません。そこで、一般職の国家公務員（a）について定める国家公務員法の規定（A）を、内閣危機管理監（b）に準用しています。準用されている条文のうち、守秘義務（同法一〇〇条一項）の規定を例にとると、この準用規定により、「内閣危機管理監は、職務上知ることのできた秘密を漏らしてはならない。その職を退いた後といえども同様とする」という規定（B）が、観念上成立することになるわけです。

次に、別の法律を丸ごと準用する例を見てみましょう。

【例3】

裁判所職員臨時措置法（昭二六法二九九）

裁判官及び裁判官の秘書官以外の裁判所職員の採用試験、任免、給与、人事評価、能率、分限、懲戒、保障、服務、退職管理及び退職年金制度に関する事項については、他の法律に特別の定めのあるものを除くほか、当分の間、次に掲げる法律の規定を**準用**する。この場合において、これらの法律の規定（……）中「人事院」、「内閣総理大臣」、「内閣府」又は「内閣」とあるのは「最高裁判所」と、「人事院規則」、「政令」又は「命令」とあるのは「最高裁判所規則」と……**読み替える**ものとする。

一 国家公務員法（以下略）

二～十（略）

国家公務員法

（勤務条件）
第一〇六条① 職員の勤務条件その他職員の服務に関し必要な事項は、人事院規則でこれを定めることができる。
② （略）

この「裁判所職員臨時措置法」は、一〇本もの法律、数百に上る条文を丸ごと一度に準用してしまう例です。

裁判所の職員も国家公務員ですが、特別職であるため国家公務員法の適用はありません。その服務関係を規律するにあたり独自の法律を制定する方法によらず、当分の間、国家公務員法以下の一般職の国家公務員を対象とする法律をこの法律で一気に準用する、という方法を採っているのです。わずか一条ですが、その意味内容は膨大です。

また、準用という立法技術を用いる理由としては、「同じようなことを何度も重複して規定する煩を避ける」ことが挙げられます。この例でも、「裁判所職員の服務関係は、一般職の国家公務員とほぼ同じ」というように、容易に理解することができます。

ここで、あえて準用をしなかった例も紹介しましょう。会社法（平一七法八六）は、準用条文を極力排除する方針で立案され、その結果、旧法（商法）に比べて条数が大幅に増加しました。その半面、「『入れ子重含む除くに読替えパズル』……この苦役から国民を解放した」との賛辞も寄せられています（龍田節『会社法大要〔初版〕』〔有斐閣、二〇〇七年〕はしがき）。このように、「準用」という立法技術は、個々具体的な事情に応じて活用されているのです。

次に、準用に伴う、条文の読替えについて説明します。裁判所職員臨時措置法で準用するこの国家公務員法の規定（A）を、裁判所職員（b）向けに当てはめてみましょう。「裁判所職員の勤務条件その他職員の服務に関し必要な事項は、人事院規則でこれを定めることができる」という規定が観念上成立することになりますが、この場合、裁判所職員の服務に関わる事項は、本来「最高裁判所規則」で定めるのが筋です。しかし、明文で「人事院規則」と書いてあるものを「最高裁判所規則」と解釈してしまうのは、文理解釈上無理があります。

そこで、「読替え」という立法技術が使われます。【例3】の裁判所職員臨時措置法の条文の後段に注目してください。「『人事院規則』、『政令』又は『命令』とあるのは『最高裁判所規則』と……読み替える」とあります。これと併せて先ほどの国家公務員法の規定を見ると「裁判所職員の勤務条件その他職員の服務に関し必要な事項は、最高裁判所規則でこれを定めることができる」という規定（B）となり、うまく当てはまります。

「準用」は、所詮、他の法令からの借り物です。そのため、借りた側（b）にうまく当てはめるためには、このように「読替え」という形で、適宜修正しなければならないのです。

▼「例による」

「例による」も、準用と同様、ある事項（a）について定める法令を、これと似た別の事項（b）に当てはめることをいいます。もっとも、「準用」の場合は、「bについて定める法令の規定を観念上成立させる」という性質上、当てはめるべき法令の規定を個々に明示する必要があるのに対し、「例による」場合は、aにまつわる法制度や手続などを包括的に当てはめようとするものであるため、当てはめるべき条文を個別に指定する必要は必ずしもありません。また、「例による」場合は、aについて定めた法令の下位法令で定められた規範内容についても、包括的にbに当てはめることになります。

具体的に見てみましょう。

【例４】

特別職の職員の給与に関する法律（昭二四法二五二）

第八条　内閣総理大臣等の給与の支給期日は、一般職の職員の**例による。**

一般職の職員の給与に関する法律（昭二五法九五）

（俸給の支給）

第九条　俸給は、毎月一回、その月の十五日以後の日のうち人事院規則で定める日に、その月の月額の全額を支給する。（後略）

この一般職給与法九条の委任を受けた人事院規則九―七（俸給等の支給）においては、省庁ごとの俸給の支払期日や、その日が週末にあたるときの取扱いなど、様々な細目的事項が規定されています。こうした事柄を全て含め、「一般職の職員の例による」とすることにより、独自の法令の規定を別に定めなくても、内閣総理大臣等の給与の支給期日が決まることになるのです。

「同様とする」

「同様とする」という表現は、ある事項について定めた規定と同様の法規範が、その事項に準ずる別の事項について必要となる場合に、同じような条文を繰り返して規定することを避けるために用いられます。

【例5】
独立行政法人通則法（平一一法一〇三）
（業務方法書）
第二八条① 独立行政法人は、業務開始の際、業務方法書を作成し、主務大臣の認可を受けなければならない。これを変更しようとするときも、**同様とする。**
②・③（略）

主務大臣の認可を受けた業務方法書を変更しようとするなら、やはり主務大臣の認可を受けるべきです。とはいえ、この条に「独立行政法人は、前項の業務方法書を変更しようとするときは、主務大臣の認可を受けなければならない。」といった、業務方法書等の作成時と同じような規定を繰り返し置くことは煩雑です。そこで、簡便に「同様とする」と規定する手法が用いられるのです。

24 「前」「次」「……から～まで」

「前」、「次」、「……から～まで」は、いずれも、一定の範囲の条、項、号等を簡潔に指示するための用語です。それぞれの守備範囲は、以下に説明するとおりです。

▼「前」

まずは、「前」です。「前」は、「前条」、「前項」、「前号」等といった形で、直前の条、項、号等を指示するときに用います。

指示する条が、直前の条のときは「前条」を用い、直前に先行する二条又は三条のときは「前二条」又は「前三条」を用います（【例1】）。

【例1】

私事性的画像記録の提供等による被害の防止に関する法律（平二六法一二六）

（私事性的画像記録提供等）

第三条① 第三者が撮影対象者を特定することができる方法で、電気通信回線を通じて私事性的画像記録を不特定又は多数の者に提供した者は、三年以下の懲役又は五十万円以下の罰金に処する。

② **前項**の方法で、私事性的画像記録物を不特定若しくは多数の者に提供し、又は公然と陳列した者も、同項と同様とする。

③ **前二項**の行為をさせる目的で、電気通信回線を通じて私事性的画像記録を提供し、又は私事性的画像記録物を提供した者は、一年以下の懲役又は三十万円以下の罰金に処する。

④ **前三項**の罪は、告訴がなければ公訴を提起することができない。

⑤ **第一項から第三項まで**の罪は、刑法（明治四十年法律第四十五号）第三条の例に従う。

少しややこしいのが、指示する条が直前に先行する四以上の条になる場合です。どういうことかというと、指示する条が、直前に先行する全ての条でその条数が四以上のときは「前各条」を用いるのですが、直前に先行する一部の条でその条数が四以上のときは「第○条から前条まで」を用いるのです（【例2】）。

【例2】

地球温暖化対策の推進に関する法律（平一〇法一一七）

（地方公共団体実行計画等）

第二一条①～⑬（略）

⑭　**第九項から前項まで**の規定は、地方公共団体実行計画の変更について準用する。

⑮・⑯（略）

⑰　**前各項**に定めるもののほか、地方公共団体実行計画について必要な事項は、環境省令で定める。

▼「次」

次は、「次」です。「次」は、「次条」、「次項」、「次号」等といった形で、直後の条、項、号等を指示するときに用います。「前」の対となる用語ですが、使い方に若干の違いがあるため、注意が必要です。

どういうことかというと、指示する条が、直後の条のときは「次条」を用いるのですが、直後の二条のときは「次条及び第○条」を、直後の三以上の条のときは「次条から第○条まで」を用い、「次二条」、「次三条」、「次各条」といった表現は用いないのです（【例3】）。これは、語呂の関係からきているのではないかと言われています。

【例3】

鳥獣の保護及び管理並びに狩猟の適正化に関する法律（平一四法八八）

（鳥獣保護区）

第二八条①・②（略）

③　環境大臣又は都道府県知事は、第一項の規定による指定をし、又はその変更をしようとするとき（変更にあっては、鳥獣保護区の区域を拡張するときに限る。**次項から第六項まで**において同じ。）は、あらかじめ、関係地方公共団体の意見を聴かなければならない。

④　環境大臣又は都道府県知事は、第一項の規定による指定をし、又はその変更をしようとするときは、あらかじめ、環境省令で定めるところにより、その旨を公告し、公告した日から起算して十四日（都道府県知事にあっては、その定めるおおむね十四日の期間）を経過する日までの間、当該鳥獣保護区の名称、区域、存続期間及び当該鳥獣保護区の保護に関する指針の案（**次項及び第六項**において「指針案」という。）を公衆の縦覧に供しなければならない。

⑤～⑪（略）

▼「……から〜まで」

最後は、「……から〜まで」です。「……から〜まで」は、連続する三以上の条、項、号等を指示するときに、途中の条、項、号等をいちいち列挙する煩わしさを避けるため、「第○条から前条まで」、「次条から第○条まで」、「第○条から第×条まで」等といった形で用います。ただし、「前三条」や「前各条」等で指示できるときは、用いません（【例1】〜【例3】）。

ちなみに、「……から〜まで」に相当する用語として、古い法令では「乃至《ないし》」という用語が用いられていたことがありますが、現在では用いられなくなっています。

以上をまとめると、次の表のようになります。

直前に先行する条を全て指示する場合	前条・前二条・前三条 前各条（条数四以上のとき）
直前に先行する条の一部を指示する場合	前条・前二条・前三条 第○条から前条まで（条数四以上のとき）
直後に続く条を指示する場合	次条・次条及び第○条 次条から第○条まで（条数三以上のとき）
直前・直後以外の一又は二の条を指示する場合	第○条（条数一のとき） 第○条及び第△条（条数二のとき）
直前・直後以外の連続する三以上の条を指示する場合	第○条から第△条まで

25 「同」「当該」「その」

「同」、「当該」、「その」は、いずれも、前に出てきた語をそのまま繰り返さないで簡潔に引用するための用語ですが、その用いられ方やニュアンスには以下のような違いがあります。

▼「同」

まずは、「同」です。「同」は、直前に出てきた条項号、年月日、法律名等の語を受けて、これと全く同一のものであることを表す場合に用いられます。【例1】では、「同法」は、直前に出てきた「国家行政組織法」を指しています。

【例1】
行政機関の保有する情報の公開に関する法律（平一一法四二）
（定義）
第二条① この法律において「行政機関」とは、次に掲げる機関をいう。
一～四 （略）
五 国家行政組織法第八条の二の施設等機関及び**同法**第八条の三の特別の機関で、政令で定めるもの
六 （略）
② （略）

ポイントは、「同」は直前に出てきた条項号等の語を受けるものであるため、中間に別の条項号等の語が入ると、それより前に出てきた条項号等の語を「同」で受けることはできない、ということです。このルールをしっかりと押さえておけば、いろいろな条項号等の語が一つの条文の中に出てくるような複雑な場合でも、「同」が何を指すのかを理解することは難しくないはずです。

そのほか、「前条」や「次条」と指示された条を再び指示する場合にも「同条」が用いられること（【例2】）、直前に出てきた法律を受ける場合にはその題名が「○○に関する法律」であっても「同法」で受けることなどの点に注意する必要があります。

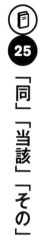

【例2】
行政不服審査法（平二六法六八）
（特別の不服申立ての制度）
第八条　前条の規定は、**同条**の規定により審査請求をすることができない処分又は不作為につき、別に法令で当該処分又は不作為の性質に応じた不服申立ての制度を設けることを妨げない。

▼「当該」

次は、「当該」です。日常生活では余り聞かない言葉かもしれませんが、法律の条文の中では非常によく用いられる用語です。

まず、「当該」は、①「その」、「それと同一の」というような意味で用いられます。具体的には、前に出てきたAという特定の対象を受けて、それと同一のものであることを示すため、「当該A」という形で用いられます。【例3】では、「当該行政文書」という形で、前に出てきた「開示請求に係る行政文書」を指しています。

【例3】
行政機関の保有する情報の公開に関する法律
（行政文書の開示義務）
第五条　行政機関の長は、開示請求があったときは、開示請求に係る行政文書に次の各号に掲げる情報（以下「不開示情報」という。）のいずれかが記録されている場合を除き、開示請求者に対し、**当該行政文書**を開示しなければならない。
一～六　（略）

また、「当該」は、②「当該各号」という表現で、「該当するそれぞれの号」という意味で用いられることもあります（【例4】）。

【例4】
行政不服審査法
（審査請求をすべき行政庁）
第四条　審査請求は、法律（条例に基づく処分については、条例）に特別の定めがある場合を除くほか、次の各号に掲げる場合の区分に応じ、**当該各号**に定める行政庁に対してするものとする。
一　処分庁等（……）に上級行政庁がない場合又は処分庁等が主任の大臣若しくは宮内庁長官若しくは内閣府

設置法（平成十一年法律第八十九号）第四十九条第一項若しくは第二項若しくは国家行政組織法（昭和二十三年法律第百二十号）第三条第二項に規定する庁の長である場合　当該処分庁等
二　宮内庁長官又は内閣府設置法第四十九条第一項若しくは第二項若しくは国家行政組織法第三条第二項に規定する庁の長が処分庁等の上級行政庁である場合　宮内庁長官又は当該庁の長
三　主任の大臣が処分庁等の上級行政庁である場合（前二号に掲げる場合を除く。）　当該主任の大臣
四　前三号に掲げる場合以外の場合　当該処分庁等の最上級行政庁

このほか、「当該」は、③特殊な用法として、「当該職員」といった一つの語として、一定の行政上の権限を与えられた国又は地方公共団体の職員を意味するものとして用いられることもあります（【例5】）。

【例5】
覚醒剤取締法（昭二六法二五二）
（立入検査、収去及び質問）
第三二条① 厚生労働大臣又は都道府県知事は、覚醒剤の取締り上必要があるときは、**当該職員**をして覚醒剤製造業者の製造所若しくは覚醒剤保管営業所、覚醒剤施用機関である病院若しくは診療所、覚醒剤研究者の研究所その他覚醒剤に関係ある場所に立ち入らせ、帳簿その他の物件を検査させ、覚醒剤若しくは覚醒剤であることの疑いのある物を試験のため必要な最小分量に限り収去し、又は覚醒剤製造業者、覚醒剤施用機関の開設者若しくは管理者、覚醒剤施用機関において診療に従事する医師、覚醒剤研究者その他の関係者について質問をさせることができる。
②・③（略）

▼「その」

最後は、「その」です。「その」も、「当該」と同様、前に出てきたAという特定の対象を受けて、それと同一のものであることを示すため、「そのA」という形で用いられますが、「当該」に比べると、口語的で格式張らないニュアンスがあります。

【例6】は、「（当事者が意思表示をした時に意思能力を有しなかった）法律行為」を「その法律行為」で受けている例で、「当該法律行為」で受けることもできたと

考えられるものです。他方、【例7】は、一項で出てきた特定の「行為」を項をまたいで二項で受ける際に、二項自体には「行為」という文言が出てきていないので「当該行為」では受けにくいため、「その行為」で受けていると思われる例です。

【例6】

民法（明二九法八九）

第三条の二　法律行為の当事者が意思表示をした時に意思能力を有しなかったときは、**その法律行為**は、無効とする。

【例7】

会社法（平一七法八六）

（監査役による取締役の行為の差止め）

第三八五条①　監査役は、取締役が監査役設置会社の目的の範囲外の行為その他法令若しくは定款に違反する行為をし、又はこれらの行為をするおそれがある場合において、**当該行為**によって当該監査役設置会社に著しい損害が生ずるおそれがあるときは、当該取締役に対し、**当該行為**をやめることを請求することができる。

②　前項の場合において、裁判所が仮処分をもって同項の取締役に対し、**その行為**をやめることを命ずるときは、担保を立てさせないものとする。

執筆者

法制執務・法令用語研究会

編集・執筆

◎橘　幸信（衆議院法制局）
塩田智明（国立国会図書館）
梶田　秀（衆議院事務局）
吉田早樹人（衆議院法制局）
吉澤紀子（衆議院法制局）
髙森雅樹（衆議院憲法審査会事務局）
梶山知唯（衆議院法制局）
原田昌幸（衆議院法制局）
白石　豊（衆議院法制局）
土藏智紘（衆議院法制局）

（◎は編集代表）

執筆

氏家正喜（衆議院法制局）
笠井真一（衆議院法制局）
笠松珠美（衆議院法制局）
片山敦嗣（衆議院法制局）
栗原理恵（衆議院法制局）
津田樹見宗（衆議院法制局）
中川博史（衆議院法制局）
中谷幸司（衆議院法制局）
仁田山義明（衆議院法制局）
正木寛也（衆議院法制局）
吉田尚弘（衆議院法制局）

（五十音順）

条文の読み方〔第2版〕

How to Read The Text of The Law, 2nd ed.

2012年3月10日　初　版第1刷発行
2021年3月25日　第2版第1刷発行
2023年1月20日　第2版第4刷発行

著　者　法制執務・法令用語研究会

発行者　江草貞治

発行所　株式会社 有斐閣

郵便番号 101-0051
東京都千代田区神田神保町 2-17
http://www.yuhikaku.co.jp/

印　刷　株式会社暁印刷
製　本　大口製本印刷株式会社

ISBN978-4-641-12626-8